Rosa Koire

# DIETRO LA MASCHERA VERDE
## *L'Agenda 21 smascherata*

ⓄMNIAVERITAS®

# Rosa Koire
## (1956-2021)

*Dietro la maschera verde*
*L'Agenda 21 smascherata*

*Behind the green mask – UN agenda 21,* The post
Sustainability Press - 2011

Tradotto dall'americano e pubblicato da
Omnia Veritas Ltd

### OMNIA VERITAS.

www.omnia-veritas.com

© Omnia Veritas Limited - 2022

Dedicato alla memoria di
ESTELLE W. KOIRE
Il suo coraggio di dire la verità
"Sforzatevi, cercate, trovate e non arrendetevi.

# L'ISTITUTO PER LA POST-SOSTENIBILITÀ

## La nostra missione

Il Post Sustainability Institute è stato fondato per studiare l'impatto dell'Agenda 21 delle Nazioni Unite, dello sviluppo sostenibile e del comunitarismo sulla libertà. Il nostro intento è quello di monitorare i progressi del movimento per la sostenibilità e di prevedere gli esiti più probabili se continuerà a non essere controllato.

Siamo un think tank apartitico e non governativo con sede negli Stati Uniti. Intendiamo fornire un punto di riferimento per le informazioni sulle alleanze delle Nazioni Unite con gruppi non governativi e governativi che cercano di stabilire il comunitarismo come forma dominante di governance globale, e servire come punto di raccolta per coloro che si oppongono allo smantellamento della libertà. Siamo lieti della vostra partecipazione e del vostro aiuto.

*Post-sostenibilità: lo stato dei sistemi ambientali, politici, sociali ed economici dopo l'imposizione del comunitarismo/comunismo.*

## ROSA KOIRE

R osa Koire è stata direttore esecutivo del Post Sustainability Institute. È un'esperta di valutazioni di immobili commerciali e una specialista nella valutazione di proprietà di alto livello. I suoi ventotto anni di carriera come testimone esperto in materia di uso del suolo e valori immobiliari hanno portato all'identificazione degli impatti dello sviluppo sostenibile sui diritti di proprietà privata e sulla libertà individuale.

Nel 2005 è stata eletta membro di un comitato di controllo cittadino a Santa Rosa, nella California settentrionale, per esaminare un progetto di riqualificazione di 1.300 acri in cui vivono e lavorano 10.000 persone. Le sue ricerche sui documenti a sostegno dei piani hanno portato lei e la sua partner Kay Tokerud a contestare le basi fraudolente del massiccio progetto di riqualificazione di Gateways. La città, nel tentativo di impedire a Koire di esprimersi contro il progetto, ha rimosso l'area in cui si trovavano le proprietà di Koire e Tokerud dalla zona di riqualificazione.

Koire e Tokerud si sono però opposti, non volendo abbandonare le migliaia di imprese e proprietari di case ancora presenti nell'area. Hanno formato un'associazione di imprenditori e proprietari di case e un'organizzazione no-profit (Concerned Citizens of Santa Rosa Against Redevelopment Law Abuse) e sono riusciti a raccogliere quasi 500.000 dollari in donazioni e lavoro legale pro bono per fare causa alla città di Santa Rosa e fermare il progetto. La causa, *Tokerud v. City of Santa Rosa*, è stata respinta dalla Corte Suprema su , ma il tribunale ha stabilito che potevano procedere e hanno fatto appello alla Corte d'appello del primo distretto di San Francisco, dove hanno perso di nuovo nel 2009. I tre anni di contenzioso contro il progetto di esproprio e riqualificazione hanno contribuito a ritardare il progetto mentre l'economia crollava. La città non ha attuato i suoi piani, ma ha ancora il potere di espropriare l'area di 1.100 acri.

Nel corso dell'azione legale, Koire è venuta a conoscenza della fonte della rivoluzione della pianificazione che aveva osservato per oltre un decennio: l'Agenda 21 delle Nazioni Unite. Attraverso la sua ricerca, ha scoperto che gran parte dei finanziamenti e del potere di attuazione dei programmi locali di Agenda 21/sviluppo sostenibile per l'uso del territorio provengono dalla deviazione delle tasse sulla proprietà alle agenzie di riqualificazione.

Il suo lavoro nel fornire informazioni e soluzioni ai cittadini che lottano contro l'Agenda 21 dell'ONU si è diffuso in tutto il Paese e nel mondo, poiché sempre più persone si rendono conto delle maggiori restrizioni ai loro diritti di proprietà e dei metodi utilizzati per attuare l'ingegneria sociale.

Attraverso il suo sito web, democratsagainstunagenda21.com, e la sua organizzazione tattica di base, Santa Rosa Neighborhood Coalition, lei e altri leader hanno permesso agli attivisti di molte questioni apparentemente non correlate di unirsi e combattere la fonte: l'Agenda 21 delle Nazioni Unite/Sviluppo sostenibile.

Nel 2010, l'organizzazione no-profit che ha fondato con il suo partner è stata ampliata e ribattezzata The Post Sustainability Institute.

Rosa Koire, ASA California Certified General Real Estate Appraiser Accredited Senior Appraiser, American Society of Appraisers Capo filiale distrettuale, California Dept of Transportation Laurea in lettere, inglese, UCLA

# PREFAZIONE

Il braccio dell'Agenda 21 delle Nazioni Unite è lungo e si estende a tutte le regioni del mondo. La filosofia del comunitarismo è pervasiva in questo piano. Voler che il governo serva la gente fornendo servizi, infrastrutture e protezione non è in contraddizione con l'opporsi all'imposizione di restrizioni che spezzano i cuori e i portafogli dei proprietari di case.

Il comunitarismo trova un "equilibrio" tra i diritti dell'individuo e i cosiddetti diritti della comunità. Poiché i diritti della comunità non sono definiti in una costituzione, possono cambiare senza preavviso o avviso; i diritti dell'individuo sono bilanciati da un libro di regole amorfe che viene costantemente ridefinito. Queste regole sono scritte al buio e l'individuo le affronta all'alba, e da solo.

Lo slogan dell'Agenda 21 dell'ONU, che *mira a proteggere i diritti delle generazioni future e di tutte le specie dai potenziali crimini del presente*, è al tempo stesso una cortina di fumo e una carta dei diritti. Sulla base di questo nobile principio, i diritti dell'individuo vengono etichettati come egoisti e coloro che si battono per essi vengono etichettati come immorali. La filosofia secondo cui il semplice vivere e morire è un pericolo diretto per la terra è autodistruttiva e veramente dannosa per la terra di cui siamo amministratori.

La maschera verde deve essere strappata dai volti lontani dei personaggi: i piccoli dittatori che gestiscono i trust, le fondazioni, i dipartimenti di pianificazione, i consigli comunali, provinciali e statali, le fondazioni non governative, ecc. La maschera verde deve essere tolta a coloro che hanno dirottato il movimento ambientalista. Dietro il denaro verde, gli oltre cinquemila miliardi di dollari di denaro privato utilizzati per contrarre prestiti verdi, i broker di crediti di carbonio, l'enorme ricchezza derivante dall'acquisto di discariche, "quote di carbonio", terreni inaccessibili nei Paesi del terzo mondo, dietro l'avidità che ci si aspetterebbe, si solleva la maschera per vedere chi c'è dietro. Scoprite cosa stanno scoprendo le persone intelligenti e istruite di tutto il mondo: è in atto un piano di governance globale che sta divorando come un cancro in metastasi ogni nazione del mondo.

Sotto la bandiera della salvezza del pianeta, anneghiamo la libertà. Sotto la maschera del verde, le nostre libertà civili sono ristrette, limitate e soffocate in ogni villaggio e frazione. Il piano è imposto localmente, ma il suo scopo è quello di servire il globalismo...

Il vostro governo è una *corporatocrazia*, un nuovo stato autoritario che consolida la vostra produzione in un canale più controllabile e sfruttabile. Il motivo per cui il vostro governo vi sta ingannando e vi dice che tutto questo è positivo per voi è che non c'è alcun profitto nel condurre una rivolta di massa. È troppo dirompente. I mercati vogliono che continuiate a collaborare... silenziosamente e docilmente.

La tecnologia che vi viene offerta è in realtà utilizzata per condizionarvi ad aspettarvi di essere spiati e a spiare gli altri.

Tutti gli Stati totalitari della storia si sono basati sulla raccolta di dati. I nazisti erano maestri nella raccolta e nell'analisi dei dati. Il vostro governo dispone di capacità tecnologiche che superano di gran lunga quelle viste finora sul pianeta. Siete nel bel mezzo della più grande truffa di pubbliche relazioni della storia del mondo. La bella visione pastello della vita in uno sviluppo a crescita intelligente è una manipolazione, una maschera. In realtà, questi piani sono progettati per limitare la vostra libertà.

La consapevolezza è il primo passo della Resistenza.

# L'individuo e il collettivo

Il comunitarismo consiste nel bilanciare i diritti dell'individuo con quelli della comunità. La Costituzione degli Stati Uniti ci garantisce i diritti con cui siamo nati: vita, libertà e ricerca della felicità. L'ultimo diritto, secondo la filosofia di John Locke, è la "proprietà". La proprietà non è solo un terreno. VOI siete la vostra proprietà. L'abolizione della schiavitù era una parte fondamentale della Dichiarazione d'Indipendenza originale.

Come si può quindi "bilanciare" i diritti individuali con i diritti della comunità? La comunità non ha alcun diritto secondo la Costituzione degli Stati Uniti.

Gli individui hanno diritti e responsabilità, ma la comunità nel suo complesso - che cos'è? Il collettivo? Ogni volta che si "bilanciano" o si sommergono o si subordinano o si consensualizzano i diritti dell'individuo, si ottiene qualcosa di diverso da ciò che la Costituzione ci garantisce.

Ecco un esempio:

Prendiamo due bicchieri e mettiamoli su un tavolo.

Un bicchiere è pieno d'acqua. Chiamiamola una repubblica costituzionale.

L'altro bicchiere è pieno di latte. Chiamiamolo stato comunitario.

Ora prendiamo una brocca di vetro e la mettiamo sul tavolo.

Mescoliamo l'acqua e il latte versandoli entrambi nella brocca. Cosa otteniamo?

Non è più acqua, vero? È latte. Latte acquoso. Ma il latte. Non l'acqua.

La terza via.

Comunitarismo: bilanciare i propri diritti individuali con i "diritti della comunità". Ora definita come "comunità globale". Questo vi viene presentato come la nuova forma illuminata di discorso politico.

Siete "egoisti" se insistete sui vostri diritti e libertà individuali.

Questa è la logica dell'Agenda 21/Sviluppo sostenibile delle Nazioni Unite.

Per il bene del pianeta. Per la sicurezza di tutti. Per la vostra salute.

Per proteggere i vostri figli. Limitare la violenza sul lavoro. Per fermare il bullismo.

Per proteggere i "diritti" delle persone future.

Tutte queste idee sono lodevoli, ma in qualche modo portano sempre a leggi più restrittive che colpiscono tutti. Criminalizzano tutti. In molte città le semplici ordinanze sono state criminalizzate.

Che cosa significa? Se non tagliate il prato, è una violazione.

Vostro figlio avrà la fedina penale sporca se chiama un altro bambino "frocio"? Sarete ritenuti responsabili se un vostro dipendente spara a qualcuno quando sapevate che era arrabbiato per la rottura con la moglie?

Vostra figlia di 15 anni sarà perquisita all'aeroporto? Perderete la custodia di vostro figlio di 10 anni perché è in sovrappeso?

Sarete sfrattati dal vostro appartamento perché avete fumato sul balcone in violazione di un'ordinanza locale? Sarete tassati per aver guidato per 15 miglia fino al lavoro invece di andare in bicicletta? Sarete multati per aver innaffiato il vostro orto? Il vostro contatore intelligente sarà usato per dire agli inserzionisti cosa vendervi? La vostra smart car con funzione di arresto a distanza sarà fermata da qualcuno nella capitale del vostro Stato mentre siete alla guida?

Il vostro vicino di casa vi denuncerà all'unità di polizia comunitaria del vostro dipartimento di polizia locale perché sembrate comportarvi in modo strano? Vi verrà negato il diritto di utilizzare l'acqua del vostro pozzo? Dovrete pagare il triplo delle vostre tariffe elettriche originarie perché la vostra città ha deciso di passare alla generazione di energia aggregata a livello di comunità? Dovrete donare acri del vostro ranch allo spazio aperto della contea prima di potervi costruire una casa? Pagherete anni di tasse sulla proprietà senza ricevere alcun servizio in cambio perché il debito di riqualificazione ha paralizzato la vostra città? Dovrà svolgere le attività di volontariato obbligatorie prima di poter iscrivere suo figlio alla Little League?

Sarete accusati di non avere a cuore il pianeta se mettete in discussione lo sviluppo sostenibile?

I vostri diritti sono stati eliminati. Benvenuti nel nuovo ordine mondiale del XXI secolo.

*Oltre a rifiutare la vostra richiesta di pianificazione, intendiamo confiscare la vostra proprietà in nome del bene comune!*

## OK, COS'È L'AGENDA 21 DELL'ONU E PERCHÉ DOVREBBE INTERESSARMI?

Vi siete chiesti da dove vengono i termini "sostenibilità", "crescita intelligente" e "sviluppo urbano ad alta densità e uso misto"? Non vi sembra che dieci anni fa non ne aveste mai sentito parlare e ora tutto sembra includere queste parole d'ordine? È solo una coincidenza? Che ogni città, contea, stato e nazione del mondo sta cambiando i propri codici di utilizzo del territorio e le politiche governative per allinearsi a... cosa?

So anche che abbiamo un governo del popolo, dal popolo e per il popolo, e che per quanto possa essere a volte complicato (Donald Rumsfeld ha detto che i cinesi hanno vita facile; non devono chiedere ai loro cittadini se sono d'accordo). E Bush Junior ha detto che sarebbe stato fantastico avere un dittatore, purché fosse lui quel dittatore), abbiamo un governo a tre rami e il Bill of Rights, la Costituzione e l'autodeterminazione. Questo è uno dei motivi per cui la gente vuole venire negli Stati Uniti, giusto? Qui non abbiamo Piazza Tienanmen, in generale (sì, ricordo la Kent State - non è la stessa cosa, e sì, è uno scandalo). Quindi non sono contrario a rendere prioritari alcuni temi, come l'uso consapevole dell'energia, la sponsorizzazione di energie alternative, il riciclo/riuso e la sensibilità verso tutte le creature viventi.

Ma c'è anche l'Agenda 21 delle Nazioni Unite. Che cos'è l'Agenda 21?

Poiché le sue politiche sono incorporate in tutti i piani generali delle città e delle contee degli Stati Uniti, è importante che i cittadini sappiano da dove provengono. Sebbene molti sostengano le Nazioni Unite per i loro sforzi di pacificazione, pochi sanno che esse hanno politiche di utilizzo del territorio molto specifiche che vogliono vedere attuate in ogni città, contea, stato e nazione. Questo piano specifico si chiama Agenda 21 delle Nazioni Unite per lo sviluppo sostenibile, che si basa sul comunitarismo. Oggi, la maggior parte degli americani ha sentito parlare di sviluppo sostenibile, ma in gran parte non conosce l'Agenda 21, l'agenda del XXI secolo.

In breve, il piano prevede che i governi assumano il controllo dell'uso del territorio e non lascino alcuna decisione ai proprietari privati. Presuppone che i cittadini non siano buoni amministratori della loro terra e che il governo faccia un lavoro migliore se è lui ad occuparsene.

I diritti individuali in generale devono cedere il passo alle esigenze delle comunità determinate da un organo di governo globalista. Inoltre, le persone devono essere ammassate e ammassate in insediamenti umani o isole di abitazione umana, come vengono chiamate nei documenti dell'Agenda 21 delle Nazioni Unite, vicino ai centri di occupazione e ai trasporti. Un altro programma, chiamato Wildlands Project, spiega come la maggior parte della terra debba essere messa a riposo per i non umani. In previsione delle nostre obiezioni a questi piani, i nostri diritti civili saranno dissolti.

L'Agenda 21 delle Nazioni Unite cita la ricchezza americana come uno dei principali problemi da correggere. Si chiede di abbassare il tenore di vita degli americani in modo che gli abitanti dei Paesi più poveri abbiano di più; si tratta di una ridistribuzione della ricchezza. Sebbene le persone di tutto il mondo aspirino ai livelli di prosperità che abbiamo nel nostro Paese, e rischino la vita per raggiungerli, gli americani sono dipinti in una luce molto negativa e saranno ridotti a una condizione più vicina alla media mondiale. Solo allora ci sarà giustizia sociale, che è una pietra miliare del piano dell'Agenda 21 delle Nazioni Unite.

Le politiche dell'Agenda 21 dell'ONU risalgono agli anni '70, ma hanno preso piede nel 1992 al Vertice della Terra dell'ONU a Rio de Janeiro, quando il Presidente Bush le ha sottoscritte insieme ai leader di altri 178 Paesi. Trattandosi di una "soft law", non è stata necessaria la ratifica del Congresso. L'anno successivo, il Presidente Clinton ha iniziato ad attuarlo creando il Consiglio del Presidente per lo Sviluppo Sostenibile (PCSD). Composto da funzionari governativi, capitani d'industria (tra cui Ken Lay della Enron) e gruppi no-profit come il Sierra Club, uno dei primi compiti del PCSD è stato quello di fornire una sovvenzione multimilionaria all'American Planning

Association per sviluppare una guida legislativa da utilizzare come modello per ogni città, contea e stato degli Stati Uniti per implementare l'Agenda 21 delle Nazioni Unite. Il documento, *Growing Smart Legislative Guidebook*: *Model Statutes for Planning and the Management of Change*, ha richiesto sette anni per essere completato e ben nove anni per arrivare alla versione finale. La guida, che non è solo una guida ma un piano, contiene esempi di leggi, ordinanze, norme, regolamenti e statuti da incorporare nei piani generali di ogni città e contea degli Stati Uniti. Nel 2002, tutti i dipartimenti di pianificazione e tutte le agenzie locali, statali e federali che regolano l'uso del territorio ne avevano una copia e stavano implementando le pratiche. Tutte le università, i college, i licei, le scuole pubbliche e le istituzioni educative della nostra nazione utilizzavano *Growing Smart* nei loro programmi di studio. Vi suona familiare? Growing Smart è una crescita intelligente.

Un'organizzazione non governativa, l'International Council of Local Environmental Initiatives (ICLEI), è responsabile dell'attuazione degli obiettivi dell'Agenda 21 delle Nazioni Unite a livello locale. Più di 600 città e contee statunitensi sono membri. I costi sono pagati dai contribuenti.

Ok, direte voi, interessante, ma non vedo come questo possa interessarmi.

Di seguito sono riportati alcuni esempi:

Ovunque viviate, scommetto che di recente sono stati costruiti o progettati centinaia di appartamenti nel centro della vostra città. Negli ultimi dieci anni, negli Stati Uniti si è verificata una "rivoluzione della pianificazione". È l'attuazione di *Growing Smart*. Il vostro terreno commerciale, industriale e multiresidenziale è stato classificato come "uso misto".

Quasi tutto ciò che ha ottenuto l'autorizzazione è stato progettato allo stesso modo: negozi al piano terra e due o tre piani di abitazioni al di sopra. Uso misto. Molto difficile da finanziare per la costruzione e molto difficile da gestire, poiché è necessaria un'alta densità di popolazione per giustificare la vendita al dettaglio. Gran parte dell'area è vuota e la maggior parte dei negozi al piano terra è vuota. Alto tasso di fallimenti.

E allora?

La maggior parte delle vostre città ha fornito finanziamenti e/o sviluppo di infrastrutture per questi progetti privati. Hanno utilizzato i fondi della Redevelopment Agency. Il vostro denaro. Più precisamente, le tasse sulla proprietà. Avete notato che ora il fondo generale è molto scarso e che la maggior parte dei soldi va a pagare la polizia e i vigili del fuoco? I vostri lampioni sono spenti, i vostri parchi sono in rovina, le vostre strade sono interrotte, gli ospedali della contea stanno chiudendo. Il denaro che dovrebbe essere utilizzato per queste cose viene dirottato verso l'Agenzia di riqualificazione per 30 anni. È l'unica agenzia governativa che può emettere obbligazioni senza il voto del popolo. E lo hanno fatto, e ora voi pagherete quelle obbligazioni per i prossimi 30-45 anni con le vostre tasse di proprietà. Lo sapevate?

Cosa c'entra tutto questo con l'Agenda 21?

La riqualificazione è uno strumento utilizzato per promuovere la visione dell'Agenda 21 di rifare le città americane. Con la riqualificazione, le città hanno il diritto di prendere la proprietà per esproprio - contro la volontà del proprietario - e darla o venderla a un promotore privato. Dichiarando un'area della città "degradata" (e in alcune città, più del 90% dell'area della città è stata dichiarata degradata), le tasse sulla proprietà di quell'area vengono sottratte al fondo generale. Questa limitazione dei fondi disponibili impoverisce le città, le costringe a fornire sempre meno servizi e riduce il tenore di vita dei cittadini. Vi diranno però che è meglio così, perché hanno installato bellissimi lampioni e pietre colorate nella zona del centro. Il denaro viene reindirizzato alla Redevelopment Agency e distribuito a sviluppatori favoriti che costruiscono alloggi a basso reddito e a uso misto. Crescita intelligente. Le città hanno costruito migliaia di appartamenti nelle aree di riqualificazione e vi dicono che siete terribili perché volete avere il vostro cortile, la vostra privacy, non volete essere dettati dal consiglio di un'associazione di condominio, essere antisociali, non accettate di essere d'accordo, non vi trasferite in un appartamento angusto e troppo costoso in centro dove possono usare le vostre tasse di proprietà per pagare questo enorme debito obbligazionario. Ma non funziona e voi non volete trasferirvi lì. Quindi devono costringerti. Continua a leggere.

L'insediamento umano, così come è definito oggi, è limitato ai terreni all'interno del limite di crescita urbana della città. Sono consentiti solo alcuni progetti di edifici. Le proprietà rurali sono sempre più limitate negli usi che se ne possono fare. Sebbene le contee affermino di sostenere gli usi agricoli, il consumo di cibo prodotto localmente, i mercati contadini, ecc. in realtà ci sono così tanti regolamenti che limitano l'uso dell'acqua e della terra (ci sono corridoi panoramici, corridoi rurali interni, corridoi della baia, piani d'area, piani specifici, piani di riqualificazione, tasse enormi, multe) che gli agricoltori stanno perdendo completamente la loro terra. Le strade della contea non sono asfaltate. Le persone sono state spinte ad abbandonare la terra, a diventare più dipendenti, a venire nelle città. Lasciate le periferie e andate in città. Lasciare le loro case private per i condomini. Lasciano le loro auto private per andare in bicicletta.

Biciclette. Cosa c'entra questo? A me piace andare in bicicletta e anche a voi. E allora? I gruppi di difesa della bicicletta sono oggi molto potenti.

Difesa. È un termine elegante per indicare l'attività di lobbying, di influenza e forse anche di molestia nei confronti del pubblico e dei politici. Che rapporto c'è con i gruppi ciclistici? Gruppi nazionali come Complete Streets, Thunderhead Alliance e altri hanno programmi di formazione che insegnano ai loro membri come fare lobby per la riqualificazione e come formare i candidati alle elezioni. Non si tratta solo di piste ciclabili, ma anche di riqualificare città e aree rurali secondo il "modello sostenibile". L'obiettivo è uno sviluppo urbano ad alta densità senza parcheggi per le auto. Li chiamano "villaggi di transito". Ciò significa che intere città devono essere demolite e ricostruite secondo il modello di sviluppo sostenibile.

I gruppi ciclistici, spesso dominati da fanatici alimentati a testosterone, vengono utilizzati come "truppe d'assalto" per questo piano.

Quale piano? Stiamo perdendo le nostre case dall'inizio di questa recessione/depressione, e molti di noi non hanno mai potuto permettersi queste case. Abbiamo ottenuto denaro a buon mercato, abbiamo usato tutto quello che avevamo per entrare in queste case e ora alcuni di noi le hanno perse. Siamo stati attirati, indebitati e affondati. In alcuni luoghi interi quartieri sono vuoti. Alcuni sono stati rasi al suolo. Le città non possono permettersi di espandere i servizi al di fuori delle loro aree principali. Lentamente, le persone non potranno permettersi case unifamiliari. Non potranno permettersi un'auto privata. Sarà più dipendente. Più ristretto. Più facilmente monitorabile e controllabile.

Questo piano è un piano che dura tutta la vita. Coinvolge il sistema educativo, il mercato dell'energia, il sistema dei trasporti, il sistema governativo, il sistema sanitario, la produzione alimentare, ecc. Il piano è quello di limitare le vostre scelte, limitare i vostri fondi, ridurre le vostre libertà e togliervi la voce. Il piano è quello di limitare le vostre scelte, limitare i vostri fondi, ridurre le vostre libertà e negarvi la vostra voce. Un modo è quello di utilizzare la tecnica Delphi per "costruire il consenso". Un'altra è quella di infiltrarsi nei gruppi della comunità o di creare associazioni di quartiere con "leader" scelti a mano. Un altro è quello di preparare e formare i futuri candidati alle cariche locali. Un altro è quello di sponsorizzare gruppi non governativi che vanno nelle scuole a formare i bambini. Un'altra è quella di offrire sovvenzioni e finanziamenti federali e privati per i programmi locali che promuovono l'agenda. Un'altra è quella di formare una nuova generazione di pianificatori territoriali per richiedere il nuovo urbanesimo. Un'altra è quella di convertire le fabbriche ad altri usi, introdurre misure energetiche che penalizzino il settore manifatturiero e fissare obiettivi di consumo energetico ai livelli precedenti al 1985. Un altro è permettere che l'immigrazione non regolamentata abbassi gli standard di vita e prosciughi le risorse locali.

Tutto ciò che è accaduto è stato voluto dal vostro governo.

# Scaviamo un po' più a fondo

L e tre pietre miliari dell'Agenda 21 delle Nazioni Unite per lo sviluppo sostenibile sono l'economia, l'ecologia e l'equità sociale, talvolta indicate come le "tre Es".

Il collasso economico crea una catena di eventi, ma a livello micro (contea, città) c'è una marcata riduzione delle entrate per il mantenimento dei servizi. La perdita di servizi nelle aree periferiche comporta, ad esempio, la mancata manutenzione delle strade nelle aree rurali e suburbane. La perdita di servizi nelle aree periferiche significa, ad esempio, che le strade non sono mantenute nelle aree rurali e suburbane, che le scuole non sono supportate in queste aree, che la polizia, i vigili del fuoco e i servizi sociali non sono supportati in queste aree, portando a un graduale spostamento verso i centri urbani più densi. Se a questo si aggiunge l'aumento del costo della benzina (manipolata) e del costo dell'energia (manipolata) per riscaldare e raffreddare le case statisticamente più grandi, si ha un'ulteriore pressione per abbandonare le aree rurali e suburbane. La riduzione del consumo energetico è essenziale.

La crescita intelligente/il nuovo urbanesimo nelle aree di riqualificazione è la presunta risposta: unità più piccole, condomini annessi, pochi o nessun parcheggio, poche auto private. Più occhi sulla strada. I progetti di riqualificazione sono una parte dell'attuazione del piano delle Nazioni Unite e comprendono la riorganizzazione di ampie sezioni delle città in zone di crescita intelligente. Questa manifestazione fisica dell'Agenda 21 dell'ONU è ingegneria sociale pagata con i soldi delle vostre tasse. Le tasse sugli immobili in queste zone vengono poi dirottate dai vostri servizi alle tasche di pochi sviluppatori e broker di obbligazioni per decenni. Il risultato? Città e contee in bancarotta.

Oltre a questi fattori, le normative di carattere ambientale rendono lo sviluppo rurale/suburbano proibitivo. Dalla protezione di fiumi, torrenti e fossi alla protezione degli spartiacque, al divieto di aree balneari, zone interne e corridoi rurali, alla maggiore protezione delle specie (gli elenchi si allungano), l'uso del territorio è fortemente limitato. Il monitoraggio dei pozzi d'acqua e la perdita dei diritti idrici riducono le opportunità di vivere fuori dalle città. I programmi per le zone selvagge che vietano strade e sentieri nelle aree rurali, mentre si suppone che le proteggano con servitù di conservazione, aumentano la perdita di indipendenza delle nostre fonti alimentari . La vendita di diritti di sviluppo a fondi agricoli che impediscono ad agricoltori e allevatori di utilizzare la loro terra, rendendo così impossibile l'agricoltura per più di una generazione, mette in pericolo la nostra capacità di nutrirci.

Se a questo si aggiungono le pressioni esercitate dalle campagne di protezione del clima dell'ICLEI per ridurre il nostro consumo di energia ai livelli precedenti al 1985 e una maggiore regolamentazione dell'industria, si ottiene la tempesta perfetta per la perdita di posti di lavoro e una maggiore dipendenza da altri Paesi per i beni. La promozione degli orti di quartiere e urbani è una manipolazione. Non si può coltivare abbastanza cibo per fare qualcosa di più che fornire un'integrazione minore al cibo acquistato, e la maggior parte delle persone non è un agricoltore.

Per produrre cibo occorrono dedizione, conoscenza, acqua a buon mercato, terreni di buona qualità non contaminati da piombo (come la maggior parte dei terreni urbani) e terreni sufficienti per realizzare economie di scala. Altrimenti, si sta solo giocando. Man mano che la popolazione diventa sempre più urbanizzata e meno in grado di procurarsi cibo o beni di prima necessità, un numero sempre maggiore di persone dipenderà dal governo per l'alloggio, il cibo e altri beni di prima necessità. Il governo stesso diventa dipendente da sussidi e prestiti con vincoli. In questo modo, i politici sono influenzati e pressati dalla *corporazione*.

I partenariati pubblico-privati favoriscono alcune aziende rispetto ad altre e sbilanciano completamente il campo di gioco. Le imprese indipendenti stanno fallendo. La povertà si sta insinuando nella classe media.

L'equità sociale, altra pietra miliare dell'Agenda 21, entra in gioco in questo caso. Come grande fattore di livellamento, la perdita di denaro, terra, cibo e indipendenza energetica porterà gli Stati Uniti a una "equità sociale" con i Paesi più poveri. Questo è uno degli obiettivi dell'Agenda 21. Nel 1976, la Conferenza delle Nazioni Unite sugli insediamenti umani (Habitat I) ha affermato nel suo preambolo che "la *proprietà privata della terra è anche uno strumento principale per l'accumulo e la concentrazione della ricchezza e quindi contribuisce all'ingiustizia sociale... Il controllo pubblico dell'uso della terra è quindi indispensabile*". Pensate alle implicazioni di tutto ciò quando discutiamo di esproprio, restrizioni all'uso del territorio e servitù di conservazione. Si potrebbe pensare che l'equità sociale implichi l'elevazione dei poveri.

No. Ci sono elementi del concetto di equità sociale che impediscono lo sviluppo di "industrie sporche" o di qualsiasi cosa che sia "negativa per la comunità" in un'area a basso reddito. Le aree a basso reddito non devono essere considerate una discarica per l'inquinamento. Sì, sono d'accordo. Probabilmente lo sapete anche voi. Ma quella è la maschera verde. Dietro c'è la rimozione di TUTTE le industrie da tutte le aree. L'unica cosa che viene costruita nelle aree a basso reddito sono le case popolari (con i fondi per la riqualificazione), con il risultato di ammassare i poveri. La salute, la presunta assistenza sanitaria e l'alimentazione ne risentiranno. Ne deriveranno problemi psicologici, lo stress di vivere in aree a crescita intelligente con altri disoccupati o sottoccupati e la criminalità. La polizia comunitaria (nell'ambito del Ministero della Giustizia) incoraggerà, se non obbligherà, le persone a sorvegliare i propri vicini e a segnalare attività sospette. Altre attività saranno identificate come "crimini", come l'obesità, il fumo, il bere quando si ha un problema di alcolismo, le parolacce, lasciare le luci accese, trascurare (nella percezione di qualcuno) bambini, anziani e animali domestici, guidare quando si potrebbe andare in bicicletta, non rispettare il coprifuoco e non fare il volontariato obbligatorio. La "comunità" avrà bisogno di più forze dell'ordine per ristabilire l'ordine, e seguiranno più norme e regolamenti. I confini tra gruppi governativi e non governativi diventeranno sempre più labili, poiché i gruppi locali non eletti prenderanno decisioni politiche utilizzando la tecnica Delphi per ottenere il consenso. I modelli cinese e russo sono istruttivi su cosa ci si può aspettare dal comunitarismo. Leggete *Vita e morte a Shanghai* di Nien Cheng e *Arcipelago Gulag* di Alexander Solzhenitsyn per avere esempi concreti. La Guerra al Terrore è un piano comunista progettato per terrorizzare VOI.

Si può vedere che il lavoro di base è stato fatto e viene attuato in tutta la nazione. Quando si crea una profonda dipendenza e poi si ritira il sostegno, il risultato è il caos e la povertà.

La propaganda permea la nostra cultura con messaggi secondo cui ci sono solo pochi vincitori e molti perdenti; stiamo uccidendo la Terra e il tempo sta per scadere; la prosperità è un anacronismo ed è dannosa per la vita; la libertà individuale è egoista e dannosa per chi è meno libero.

Questi messaggi sono pensati per farvi vergognare e fare pressione e per creare un senso di urgenza che mina la vostra capacità di pensare con chiarezza.

# All'inizio

A nche se ci sono indicazioni precedenti che le Nazioni Unite stavano cercando di controllare l'uso del territorio e di gestire le popolazioni (1976-Habitat I), il precursore del Vertice della Terra di Rio del 1992 è stata una riunione simile della stessa commissione nel 1987, la Commissione mondiale per l'ambiente e lo sviluppo (nota come Commissione Brundtland), che ha inizialmente definito il termine "sviluppo sostenibile". Nel suo rapporto "Il nostro futuro comune" alle Nazioni Unite, la Commissione Brundtland ha definito lo sviluppo sostenibile come segue

*Uno sviluppo che soddisfi le esigenze del presente senza compromettere la capacità delle generazioni future di soddisfare i propri bisogni.*

Non restava che dichiarare che le nostre attuali attività e stili di vita "compromettono la capacità delle generazioni future di soddisfare i propri bisogni" e decidere cosa fare al riguardo.

Dopo la presentazione di "Our Common Future" (Il nostro futuro comune) all'Assemblea generale delle Nazioni Unite nel 1987, la Commissione mondiale per l'ambiente e lo sviluppo (Commissione Brundtland) è stata incaricata di elaborare strategie per raggiungere lo sviluppo sostenibile entro il 2000.

Al Vertice della Terra di Rio del 1992, la Commissione (presieduta da Maurice Strong) tornò con l'Agenda 21. Non c'è aspetto della nostra vita che non sia coperto da questo documento. I quaranta capitoli sono suddivisi in quattro sezioni:

Sezione I: Dimensioni sociali ed economiche

Sezione II: Conservazione e gestione delle risorse per lo sviluppo

Sezione III: Rafforzare il ruolo dei grandi gruppi

Sezione IV: Modalità di attuazione

Potete leggerlo voi stessi sul sito delle Nazioni Unite. Basta inserire l'Agenda 21 dell'ONU in un motore di ricerca. Alcune delle informazioni più importanti si trovano nel Capitolo 7 - Insediamenti umani, che costituisce la base per le "comunità sostenibili", e nei capitoli finali, che discutono le tecnologie e i metodi di attuazione.

La base filosofica di gran parte della legislazione e della regolamentazione dell'Agenda 21 delle Nazioni Unite è il principio di precauzione. È nato in occasione del Vertice della Terra di Rio de Janeiro del 1992 ed è il principio n. 15. Definizione: *il principio di precauzione stabilisce che se un'azione o una politica presenta un presunto rischio di danno per il pubblico o per l'ambiente, in assenza di un consenso scientifico sul fatto che l'azione o la politica sia dannosa, l'onere della prova che non è dannosa spetta a chi intraprende l'azione.*

È una sorta di principio di "colpevolezza fino a prova contraria". Chiamarlo principio lo rende una fonte di diritto nell'Unione europea. L'UE non lo ha definito formalmente, ma lo utilizza per legiferare in materia di alimentazione, sviluppo tecnologico, commercio, tutela dell'ambiente e dei consumatori. È obbligatorio. Negli Stati Uniti lo chiamiamo "approccio precauzionale", in quanto non è codificato come legge, ma viene comunque utilizzato nella definizione delle politiche. Cosa ne pensate? Se non ci sono prove che qualcosa sia dannoso, si suppone che si debba dimostrare che non lo sia. Si tratta di una questione seria: si pensi al cambiamento climatico/riscaldamento globale o all'impatto sulle specie.

# Imporsi a casa

Bill Clinton è stato eletto presidente nel novembre 1992 e sei mesi dopo ha emanato l'ordine esecutivo 12852 che istituiva il Consiglio del presidente per lo sviluppo sostenibile (PCSD). Si è riunito per la prima volta nell'estate del 1993 ed è proseguito fino al 1999. Tra i membri del PCSD figurano i Segretari ai Trasporti, all'Agricoltura, all'Istruzione, al Commercio, agli Alloggi e allo Sviluppo Urbano, all'Agenzia per la Protezione dell'Ambiente, alla Small Business Administration, all'Energia, agli Interni e alla Difesa. Le imprese erano rappresentate, tra gli altri, dagli amministratori delegati di Pacific Gas and Electric, Enron (Ken Lay), BP Amoco e Dow Chemical. Completano il quadro le organizzazioni ambientaliste, tra cui spiccano il Natural Resources Defense Council, il Sierra Club, il World Resources Institute, il Nature Conservancy e l'Environmental Defense Fund.

Il PCSD ha iniziato immediatamente a gettare le basi per l'attuazione dell'Agenda 21 negli Stati Uniti. L'obiettivo era cambiare le politiche pubbliche per allinearle alla nuova agenda del XXI secolo. Il PCSD ha formalizzato le sue raccomandazioni in *"Sustainable America-A New Consensus"*. Da allora non siamo più stati gli stessi.

## Consenso: neutralizzare i nemici

Uno degli elementi di un nuovo Stato di diritto è la creazione di un nuovo linguaggio che lo accompagni. Chiamato "gergo", questo nuovo vocabolario ha, per gli addetti ai lavori, un significato diverso da quello che si potrebbe capire vedendo o sentendo le parole. Quasi ogni professione ha il suo gergo, ma i responsabili dell'attuazione dell'Agenda 21 dell'ONU contano sull'oscurità delle loro definizioni per non allarmarvi. Vivibile. Percorribile a piedi. Vibrante. Ciclabile. Consenso. Conversazione. Progressivo. Comunità. Diversità. Impronta di carbonio. Intelligente. Visionario. Verde. Soggetti interessati. Regionale. Sostenibile. Parole d'ordine e slogan sono usati come etichette per manipolarvi. Quando si sentono queste parole in gergo, si è condizionati a sostenere e accettare il progetto o il piano a cui sono associate senza metterlo in discussione. Queste parole, grazie al loro uso regolare nei media e alla loro implicita accettazione da parte dei vostri coetanei, vi dicono che qualcosa è popolare. Sono le parole d'ordine dei designer. Un gergo che è stato creato per aiutarvi a sentirvi parte di un gruppo, che state facendo qualcosa di positivo e buono e che sarete accettati come partecipanti. I migliori PR del mondo lavorano a queste condizioni, solo per voi.

*La* parola "consenso", ad esempio, è definita nel mio dizionario come "*Un'opinione o una posizione raggiunta da un gruppo nel suo insieme*". Nell'elenco degli elementi essenziali da includere nelle proprie raccomandazioni, il PCSD ha incluso questa affermazione:

*Abbiamo bisogno di un nuovo processo decisionale collaborativo che porti a decisioni migliori, a cambiamenti più rapidi e a un uso migliore delle risorse umane, naturali e finanziarie per raggiungere i nostri obiettivi.*

Un nuovo processo decisionale collaborativo. La nuova definizione di consenso è la neutralizzazione dell'opposizione espressa.

Nel vecchio modo di fare le cose, quello democratico, una questione viene sottoposta agli elettori e questi la votano direttamente, oppure hanno un rappresentante che considera le questioni, le discute pubblicamente e poi vota. Se gli elettori non sono soddisfatti del risultato, possono indire un referendum o rimuovere il rappresentante.

*America sostenibile - un nuovo consenso* non permette un vero dissenso. Nell'attuazione dell'Agenda 21 non ci può essere spazio per il fallimento. In effetti, i segretari di gabinetto hanno dichiarato di poter attuare circa due terzi delle raccomandazioni del PCSD a livello amministrativo. Tuttavia, non dovreste notare che non vi viene data la possibilità di scegliere nelle questioni più importanti della vostra vita, in modo da darvi l'illusione di prendere decisioni per voi stessi. Come nell'esempio precedente dei bicchieri d'acqua e di latte, questo principio di prendere due opinioni opposte e mescolarle in una terza non rappresenta in realtà la vostra opinione. Si potrebbe dire che non rappresenta nemmeno l'"altra" parte, ma dal momento che è l'"altra" parte a gestire la riunione, si può essere certi che la manipolazione porterà al risultato predeterminato. L'acqua non entra mai nella brocca. Il vero significato del consenso è quello di privarvi della vostra voce e di farvi sentire che siete gli unici ad avere un problema con il risultato. Il Consiglio presidenziale sullo sviluppo sostenibile ha incorporato la tecnica Delphi nelle sue raccomandazioni per imporre un "cambiamento più rapido" attraverso un'abile manipolazione.

# La tecnica Delphi

Sviluppato dalla RAND Corporation come tecnica di controllo mentale durante la Guerra Fredda, il metodo Delphi viene utilizzato per far accettare a un gruppo di persone un punto di vista imposto, convincendole che si tratta di una loro idea. Negli anni '70 e '80 questa tecnica è stata utilizzata per convincere i proprietari terrieri ad accettare le mappe del Piano Generale. Delphi può essere utilizzato su qualsiasi gruppo, da una sola persona a tutto il mondo. I facilitatori formati presentano al gruppo una serie di scelte, ma le hanno adattate per guidare il risultato. Questo metodo viene utilizzato soprattutto nelle riunioni pubbliche, chiamate "incontri di visione", organizzate dalla vostra città o contea per ottenere il vostro contributo sulla vostra città 2020 o 2035. I fondi per questi programmi provengono spesso da agenzie federali (membri del Consiglio del Presidente per lo Sviluppo Sostenibile) sotto forma di sovvenzioni al governo locale. Gli incontri sono pubblicizzati come un'opportunità per dare il proprio contributo a un nuovo ed entusiasmante piano di riqualificazione del centro città per il futuro. Di solito si tratta di un piano specifico per un progetto di riqualificazione o di un piano di trasporto regionale che prevede restrizioni per le abitazioni e l'uso del territorio. Il Delphi viene utilizzato nelle riunioni dei consigli scolastici, nei corsi di formazione, nelle riunioni delle associazioni di quartiere e in altri luoghi in cui gli organizzatori vogliono dare l'impressione di aver ascoltato i suggerimenti della comunità e di averli incorporati nel loro piano. A proposito, non sentirete mai la parola "Delphi": non riconosceranno mai che lo stanno facendo.

Quello che dovete sapere è che ovviamente non avete alcuna influenza.

Verranno presi in considerazione solo i commenti e le osservazioni che sono in linea con il piano pre-approvato. Tutti gli altri verranno scritti su un grande blocco di carta e buttati via in seguito. L'illusione del sostegno pubblico è tutto ciò che serve. Gli organizzatori possono poi sostenere di aver tenuto un incontro pubblico, di avervi partecipato un certo numero di residenti, di aver raccolto commenti pubblici e che la comunità ha approvato il piano. Il facilitatore è spesso un consulente privato che ha ricevuto una formazione professionale per condurre e gestire una riunione. Questo consulente è stato assunto dalla vostra città per soddisfare il requisito che il progetto sia stato visto e sostenuto dai cittadini - è il VOSTRO piano. Se il progetto è controverso, la città potrebbe aver lanciato un appello ai gruppi no-profit, alle associazioni di quartiere, ai consigli e alle commissioni cittadine e ai dipendenti comunali affinché inviino membri per rafforzare il pubblico e superare i potenziali oppositori. Questa è la guerra. Nel raro caso in cui la maggioranza dei partecipanti si opponga al risultato pianificato, il facilitatore chiude la riunione e la riprogramma in un altro momento e luogo. Sperimentate il nuovo consenso.

Vediamo quindi cosa succede in una riunione Delphi. Quando si varca la porta, viene chiesto di registrarsi. Riceverete un badge e, a seconda del tipo di riunione, sarete seduti ai tavoli o in un auditorium. Verrà fornita una breve panoramica del progetto e non saranno ammesse domande. Il facilitatore può cercare di stabilire i dati demografici dei partecipanti chiedendo di alzare la mano a chi ha tra i 18 e i 25 anni, tra i 26 e i 35, ecc. La riunione inizia ora seriamente.

Tra i relatori ci saranno funzionari governativi, a volte il sindaco o i membri del consiglio comunale, rappresentanti di organizzazioni no-profit e imprenditori locali interessati al risultato, come ingegneri, architetti e progettisti. Il calendario delle riunioni è fitto e ci sono poche opportunità di porre domande. Le domande consentite sono di solito risposte brevi o rinviate a un momento successivo. Il facilitatore ha prodotto attraenti diapositive in PowerPoint e dispense colorate con molte immagini di persone della classe media che si divertono in edifici multipiano illuminati dal sole e con ampi marciapiedi fiancheggiati da tavoli da bistrot. Si nota che non c'è un'industria manifatturiera. In questa piacevole utopia ci sono poche auto, molti treni ad alta velocità, cieli blu e biciclette. Molte biciclette. Parchi all'aperto, ma nessun giardino privato. Portici poco profondi che si affacciano sulla strada. Edifici costruiti a ridosso del marciapiede e che toccano i loro vicini.

Potrebbero mostrarvi una serie di mappe della vostra città e chiedervi di colorare le aree in cui vorreste vedere l'utopia pastello al posto di quella attuale. Tra l'altro, spesso i proprietari delle aree interessate dal progetto non sono stati deliberatamente informati di questo incontro e non sono stati invitati a partecipare. Questo incontro su è rivolto al "pubblico", il che significa che chiunque può partecipare da qualsiasi luogo ed esprimere la propria opinione sulla visione.

Mentre le persone scarabocchiano allegramente con i loro pastelli e le loro stelle dorate come bambini dell'asilo, non sanno che una grande percentuale del gruppo è già stata informata del progetto e istruita a gestire il proprio tavolo. Sì, ci sono "scagnozzi" a tutti i tavoli. Nelle grandi riunioni, possono identificarsi come parte del team organizzativo e gestire il tavolo apertamente. Mentre le ignare persone reali parlano, i supervisori del tavolo osservano il loro comportamento. Chi è polemico, chi è docile, chi si può fare in modo che faccia una scenata, chi si può fare in modo che sostenga il progetto. I "leader" del vicinato cooperante vengono identificati per essere coltivati in seguito. Saranno utilizzati per creare associazioni di quartiere o incoraggiati a dominare le associazioni esistenti.

Quando la riunione si svolge senza intoppi, non si noterà mai l'ovvio.

Che non vi è stata data alcuna reale possibilità di scelta e che tutto il materiale stampato mostra il progetto così come sarà quando sarà ultimato, indipendentemente da ciò che potreste dire. Al vostro tavolo, potreste dire qualcosa come "Ehi, non mi piace l'idea di ridurre la strada principale a due corsie". Ma o sarete ignorati, o molte delle persone presenti al tavolo si uniranno a voi per dimostrarvi che questo è ciò che è meglio per la comunità e non volete che la vostra città sia a misura di bicicletta e di pedone?

Si potrebbe dire: "Come possono passare i vigili del fuoco se si mette una mediana nella strada centrale? Vi verrà detto che è già stato approvato dai vigili del fuoco e che il vostro commento verrà annotato per un successivo rifiuto.

Cosa succede se si osa parlare? Il comunitarismo è al centro delle riunioni di consenso. Un elemento fondamentale del comunitarismo è l'uso della pressione sociale per indurre a conformarsi. Vergogna. L'obiettivo è quello di creare un'atmosfera di isolamento nella riunione per coloro che non sono d'accordo. L'idea del dissenso è troppo spaventosa, troppo esposta e troppo antisociale perché possiate sfidare il ridicolo e la disapprovazione dei vostri coetanei. Quindi, se osate parlare, sarete ignorati, derisi, malignati, umiliati, fischiati o rimproverati. I supervisori del tavolo possono incoraggiare qualcuno che hanno identificato come "suscettibile di provocare una scenata" ad essere d'accordo a voce alta con voi per far sembrare che abbiate un punto di vista marginale.

Il facilitatore può lasciare che questo piccolo caos continui per un minuto, in modo che la tensione si allenti e la domanda venga dimenticata.

Alla fine della riunione sarete ringraziati per il vostro contributo e ve ne andrete con la sensazione di essere gli unici a cui il piano non è piaciuto o che si sono sentiti manipolati. Potreste anche decidere di non tornare a uno di questi incontri, perché non avete avuto la sensazione di essere ascoltati e, inoltre, avete perso ore della vostra serata. Potreste sentirvi un po' in imbarazzo per il fatto che stavate osservando la proprietà di qualcun altro, qualcuno che non era presente e non poteva protestare per il fatto che la sua proprietà piace così com'è. Forse non volete pensare a ciò che sarebbe necessario per trasformare questa visione in realtà. Ma voi alzate le spalle e vi dirigete verso la vostra auto sentendo di essere stati dei buoni cittadini e di aver partecipato a un evento della comunità. Siete stati sottoposti al metodo Delphi.

## Come è possibile che tutto questo avvenga senza che io ne sia a conoscenza o che io lo approvi?

Non vi viene chiesto di votare sulle attività segrete del vostro governo.

Trattati e accordi, come l'Agenda 21 delle Nazioni Unite, l'Agenda per il XXI secolo, vengono conclusi senza che voi ne sentiate parlare.

Forse la firma presidenziale può sostituire quella del Congresso, o forse non è nemmeno necessaria.

Solo perché non l'hai notato non significa che non sia successo?

Se è sul giornale, nella seconda sezione, a pagina 3, un giorno dell'anno, siete stati informati? Se la contea ha tenuto 15 riunioni sullo sviluppo del piano generale (in piena conformità con l'Agenda 21 delle Nazioni Unite) e voi siete rimasti a casa a guardare la TV o avete partecipato a 15 riunioni in cui l'Agenda 21 non è mai stata menzionata, significa che non esiste? Se non si mettono insieme tutte le diverse restrizioni, i regolamenti, i film di propaganda, i libri, la radio, le riviste e la televisione, significa che non esiste? L'ironia è che l'Agenda

21 dell'ONU chiede una maggiore partecipazione dei cittadini, ma lo fa creando così tanti consigli, commissioni, agenzie regionali, organizzazioni no-profit, riunioni e programmi che è impossibile tenere il passo con quello che succede. Così diventiamo necessariamente più frammentati, meno connessi, esausti e isolati perché non riusciamo a stare al passo. La cosiddetta partecipazione dei cittadini è dettata da falsi gruppi di quartiere gestiti da lobbisti e facilitatori pagati. I consigli e le commissioni vengono scelti sulla base di "giocatori di squadra" o "scagnozzi" selezionati per portare avanti un gioco finale schiacciando i pochi cittadini reali e non collegati che ne fanno parte. Questi gruppi sono i gruppi di "selezione" dei candidati alle cariche pubbliche. Sono loro a ricevere le donazioni al momento delle elezioni. È improbabile che chi non gioca finisca sulla scheda elettorale. Poi ci viene detto che siamo noi quelli che stanno dietro a questi nuovi regolamenti.

Siamo troppo esausti per lottare su più di una questione. Possiamo essere vittime dei regolamenti del nostro governo, ma poiché essi si applicano a un progetto, a una proprietà o a un'azienda alla volta, raramente abbiamo l'opportunità di unirci sul sito . Oppure possiamo temere di essere presi di mira dal governo, dai gruppi locali o dai giornali se prendiamo posizione. Meno siamo i proprietari di piccole imprese e di proprietà private, meno siamo quelli che si preoccupano o si accorgono quando vengono prese decisioni ingiuste. Quindi un'economia al collasso, in cui perdiamo le nostre case e le nostre imprese, sostiene l'Agenda 21 dell'ONU.

Alla radio conservatrice non si sente mai parlare di Agenda 21/Sviluppo sostenibile. Non se ne parla mai nemmeno alla radio liberale.

Non si vede su FOX. Non lo si vede su MSNBC. Non vogliono parlarne. I repubblicani e i democratici non rompono il silenzio.

Sono entrambi favorevoli. Quattro presidenti l'hanno sostenuta. Due Bush, Clinton e Obama. Quando ne parliamo, ci chiamano teorici della cospirazione o ci dicono che non esiste.

Ma è così. E lo sanno. Quindi ora è una gara. Ci sei anche tu. La corsa per smascherarlo. Per educare i vostri amici, i vostri soci, i vostri genitori, i vostri vicini... per spargere la voce. Le persone sanno che sta succedendo qualcosa, ma non sanno dargli un nome e potrebbero non rendersi conto che è tutto collegato. Ma è così. Ci si può chiedere perché ci si preoccupa di essere interpellati alle riunioni. Perché i leader non passano il progetto senza Delphi? Perché non vogliono rimuovere la Maschera Verde. Dovrebbero riconoscere l'esistenza di una Maschera Verde, il che causerebbe disordini civili. Guardate nell'UE i risultati delle "misure di austerità". Rivolte. Legge marziale e aumento della sorveglianza interna.

La dimostrazione di forza è intimidatoria, ma ci permette anche di vedere cosa si nasconde dietro la maschera.

Un altro motivo per cui potreste non aver sentito parlare dell'Agenda 21 dell'ONU è che l'opposizione ad essa viene spesso equiparata all'antisemitismo. Chiamarlo "complotto sionista" è assurdo se si considera che il sionismo è un movimento ultranazionalista che si oppone totalmente alla dissoluzione dei confini nazionali (Israele è grande quanto l'isola di Vancouver e poco più del New Jersey). Se affrontate la questione da questo punto di vista, vi invito ad abbandonare questo atteggiamento. Non è produttivo, non è realistico (si potrebbe dire che è una cospirazione protestante, avrebbe senso?) e alimenta direttamente la dialettica che ci mette gli uni contro gli altri. I media tradizionali possono quindi etichettarli come "marginali", il che giustifica la loro mancanza di copertura. È stupido e sbagliato demonizzare tutti i liberali. Non giocate al gioco dell'alienazione con metà degli Stati Uniti. Dobbiamo lavorare insieme.

Familiarizzare con il comunitarismo. Questa è la filosofia politica alla base. Dice che i diritti dell'individuo sono una minaccia per la comunità globale. Ognuno di noi è un individuo, quindi siamo tutti una minaccia per la comunità globale. I nostri diritti alla proprietà, alla mobilità personale e alle scelte di vita, a nutrirci e vestirci, sono una minaccia per la comunità globale. Quindi dobbiamo essere razionati. Dobbiamo essere controllati. Dobbiamo essere monitorati. Dobbiamo essere regolati, limitati ed equilibrati. I nostri diritti individuali devono essere bilanciati con quei diritti innominati concessi alla comunità globale dalle Nazioni Unite, come codificato nell'Agenda 21/Sviluppo sostenibile.

Il comunitarismo si basa su un paradigma: si crea un problema. Viene proposta una soluzione. La lotta tra le "due parti" produce un risultato che è una "terza via". Questa cosiddetta terza via non sarebbe mai stata accettata, se non fosse che ora viene chiamata soluzione a un problema. Il problema non esisteva. E ora la "soluzione" è la nuova "norma".

Corporatocrazia. Il governo per le imprese. Partenariati pubblico-privati. Crediti d'imposta per le imprese. Organizzazioni non profit che sono anche aziende, ma con un volto verde. A prescindere dal partito politico che dichiarano di sostenere, finanziano a turno entrambi gli schieramenti. È l'Agenda 21 delle Nazioni Unite. Gestita nella vostra città secondo le linee guida e la formazione dell'International Council for Local Environmental Initiatives (ICLEI) e dei suoi numerosi partner.

Tutti sono interessati dall'Agenda 21 delle Nazioni Unite/Sviluppo sostenibile. Non c'è una luce lampeggiante o un'etichetta, quindi bisogna essere intelligenti per stabilire il collegamento. Poiché il vostro governo usa nomi diversi per tutti i programmi (è una zuppa alfabetica), non riconoscete che c'è un collegamento quando sentite, ad esempio, che il programma è stato creato:

Il bambino di 10 anni non andrà automaticamente alla scuola secondaria locale, ma dovrà fare domanda di ammissione. Potrebbe finire dall'altra parte della città, dove non parteciperete mai alla riunione dell'associazione genitori, non diventerete mai amici di altri genitori e non potrete fare volontariato in classe (e ascoltare la lezione) perché non riuscirete a tornare a casa dal lavoro in tempo.

La vostra attività è soggetta a una tassa per il miglioramento delle attività commerciali da parte dell'autorità locale e dovete pagarla, mentre i vostri clienti ora devono mettere i soldi nei parchimetri, pagare multe salate e possono andare al centro commerciale dove il parcheggio è gratuito.

Avete ereditato un terreno dai vostri genitori, ma scoprite che non potete costruirci nulla perché la contea ha approvato un'ordinanza che vi vieta di installare un sistema settico sui vostri 12 acri. E il corridoio di risorse biotiche in cui si trova non consente comunque lo sviluppo. Inoltre, vi trovate nel "cono visivo", che consente ai ciclisti di guardare il vostro terreno quando percorrono un sentiero vicino, e un edificio rovinerebbe tutto questo.

Pensavate che fosse troppo bello per essere vero quando voi e vostro marito siete riusciti a comprare quella bella casa con tre camere da letto in periferia, ma il broker ipotecario era molto entusiasta del mutuo con soli interessi e i pagamenti erano accessibili. Ora scoprite che non sapevate come era strutturato il prestito e, come la maggior parte dei vostri nuovi vicini, avete perso tutto. Sperate di ottenere una delle case a prezzi accessibili vicino alla stazione.

Cercate di smettere di fumare perché vi sentite degli emarginati ovunque andiate, ma è così difficile che alla fine concordate con il vostro medico che la cosa migliore da fare è prendere Zoloft o Wellbutrin per andare avanti. Ora vi sembra di galleggiare durante la giornata con una coperta accogliente intorno al cervello e capite perché vostra moglie prende il Prozac.

Non credete di essere "costretti" a fare a meno del vostro veicolo privato, ma notate che, sebbene la Libia produca solo il 2% del petrolio mondiale, il prezzo della vostra benzina è aumentato del 20% da quando Gheddafi ha iniziato a gridare. Notate anche che nel vostro comune si parla di una "tassa sul chilometraggio del veicolo", che vi farebbe pagare per i vostri lunghi viaggi. Vi siete trasferiti in questa città per comprare una casa, ma il mercato è crollato e per un po' non andrete da nessuna parte.

Certo, siete stati forti sostenitori dell'idea del treno intelligente e avete votato per l'aumento della tassa di vendita di un quarto di centesimo in perpetuo, ma ora il treno è una speranza lontana, dato che i costi sono stati sottostimati e i soldi sono stati destinati alle riparazioni dei binari (per il trasporto merci) e alle grandi pensioni per il personale. Tutti i residenti di Smart Growth che vivono vicino ai binari ora sentiranno i fischi dei treni merci, l'odore dei fumi a due metri di distanza e rischieranno di farsi male agli incroci.

Siete stanchi di essere chiamati "drogati di petrolio" e non capite perché le innovazioni nei veicoli ad alta efficienza energetica non sono mai state finanziate dal vostro governo. Fino ad oggi, quando si possono pagare 40.000 dollari per un'auto compatta che fa 35 miglia per gallone.

Allevate i vostri figli nella fattoria in cui siete cresciuti, ma ci sono così tanti regolamenti e regole che passate ore al giorno a compilare scartoffie e a rispettare nuove leggi che non conoscevate prima di averle infrante. I costi dei mangimi, delle sementi e della lavorazione aumentano più velocemente di quanto possiate fare, e senza il lavoro di vostra moglie sareste affondati. Non avete ancora pagato la fattoria a vostro fratello e vostra sorella - l'avete ereditata in comune da vostro padre -

e ora che le tasse stanno aumentando, non siete sicuri di poterla tenere, a meno che non vendiate una servitù di conservazione all'Open Space District. Guardando i vostri tre figli, però, vi chiederete come faranno a pagare l'imposta di successione quando morirete e non ci saranno più diritti di conservazione da vendere.

Stai per diplomarti e vorresti entrare in un'università statale, ma ti serve un punteggio di 4,2 o superiore, e inoltre non hai fatto abbastanza volontariato per organizzazioni non profit come i tuoi amici. Pensate che dovrete prendere un anno sabbatico e prestare servizio nei Corpi di Pace o nei Corpi Comunitari, o non riuscirete mai a entrare in una buona scuola.

Tornando a casa dal lavoro, avete notato che la vostra azienda energetica ha installato un contatore intelligente senza chiedervi nulla, e ora avete sentito che può spegnerlo a distanza, monitorare il vostro consumo, ridurre la vostra quota e in generale infastidirvi in qualsiasi momento. I figli di vostro fratello dormono in una stanza proprio accanto alla batteria di contatori del suo complesso condominiale e lamentano mal di testa e nausea.

Siete passati dal dire che non vi sareste mai preoccupati di imparare il computer a controllare la posta elettronica ogni mezz'ora, e i vostri figli non alzano mai lo sguardo dallo schermo quando parlate con loro. Le loro aule sono così piene che persino tu pensi che l'apprendimento a distanza potrebbe essere una buona idea, e, ehi, i libri di testo online dovrebbero far risparmiare soldi - possono aggiornarli, modificarli, cambiare la storia con un clic del mouse - Grande!

Siete appena tornati da una vacanza in Messico e avete notato gli scanner della retina e delle impronte digitali a ogni posto di dogana, e questo vi ha reso nervosi. Certo, non li stanno ancora usando su tutti, ma quanto tempo ci vorrà? Si legge anche che hanno droni spia in miniatura, i colibrì, che possono volare fino a 13 km, entrare e uscire dalle finestre e registrare suoni e video! Chi? Il vostro governo. Cos'altro hanno? Sanno che state leggendo questo articolo?

Si va alla riunione di un'associazione di quartiere per senso civico e si scopre che i membri dell'associazione sono stati eletti.

Vorreste candidare il vostro vicino, ma non potete farlo perché il regolamento interno prevede che ogni candidato debba essere approvato dal Consiglio centrale. Si cerca di fare un commento, ma si viene fischiati dai "vicini" in casco da bicicletta e spandex. È chiaro che hanno un candidato che sarà eletto e che pretende di parlare a nome dell'intero quartiere.

La verità sconvolgente è che non si tratta solo di riunioni di Delfi; l'intero sistema governativo e legale viene trasformato in un governo del "consenso".

**Non si tratta di una questione di destra o di sinistra.** Nessun americano vuole una maggiore sorveglianza interna, l'acquisizione da parte delle aziende dei nostri sistemi politici, legali e governativi, restrizioni alla libertà di parola e un enorme spreco di risorse attraverso una guerra senza fine.

Chiamatela crescita intelligente. Chiamatelo sviluppo sostenibile. Chiamatela zonizzazione basata sulla forma. Chiamiamolo sviluppo delle capacità. Chiamatela costruzione del consenso.

Chiamatelo edificio verde. Chiamatelo Wildlands. Chiamatela Homelands. Chiamatela educazione basata sui risultati. Ehi, non è "Cos'è l'Agenda 21", è...

"Cosa non è l'Agenda 21?" Non è repubblicano e non è democratico.

Non è libertario e non è indipendente. È COMUNISTA.

La nuova legge del paese.

# Da internazionale a locale in un solo passo

È il momento del quadro generale. Prima guardiamo la storia, poi vediamo cosa fanno con la storia. Non preoccupiamoci se la storia è vera o meno in questa fase. A mio parere, sarebbe stato creato comunque: è così utile!

*Questa è la storia della Maschera Verde:*

Di recente abbiamo scoperto che il pianeta si sta riscaldando rapidamente. Le calotte di ghiaccio si stanno sciogliendo. Il livello del mare si sta innalzando. La biodiversità è minacciata.

Ci sono troppe persone. L'anidride carbonica è un gas a effetto serra che contribuisce all'aumento delle temperature. Il nostro utilizzo di petrolio e gas naturale, unito allo sviluppo delle aree rurali del mondo, sta intensificando il riscaldamento globale e il cambiamento climatico. Dobbiamo cambiare, e in fretta. Il tempo sta per scadere. Celebrità, funzionari governativi e tutte le persone sane di mente concordano sul fatto che il pianeta è in pericolo e che noi ne siamo la causa.

È il caso del Consiglio internazionale per le iniziative ambientali locali (ICLEI). Fondata nel 1990 come organizzazione non governativa per attuare l'Agenda 21 a livello locale in tutto il mondo, ICLEI porta l'internazionale nella vostra città. Secondo il suo sito web internazionale, iclei.org, "i membri provengono da 70 Paesi diversi e rappresentano oltre 569.885.000 persone".

Sorprende che non abbiate mai sentito parlare di lui, vero? È una società di consulenza politica e di lobbying che mira a influenzare e cambiare le politiche dei governi locali relative a tutti gli aspetti della vita umana. Avrete notato che l'ICLEI è stata fondata prima del Vertice della Terra di Rio del 1992, in cui sono stati presentati al mondo i precetti formali dell'Agenda 21. ICLEI vende formazione ai governi, implementa programmi di adattamento al clima, misura e monitora le emissioni di gas serra delle comunità e molto altro ancora, a pagamento. Di recente, l'ICLEI ha cambiato nome per non far notare che si tratta di un'organizzazione internazionale. Ora si chiama ICLEI - Governi locali per la sostenibilità.

Ecco cosa dice il sito web di ICLEI: www.icleiusa.org ICLEI: Collegare i leader

### Collegare. Innovare. Accelerare. Risolvere.

*Il ritmo del cambiamento ambientale globale, il degrado dei servizi ecosistemici su scala planetaria e il superamento dell'impronta umana sulla Terra richiedono un'accelerazione degli sforzi locali. Anche se gli oltre 1100 membri di ICLEI si comportassero nel modo più avanzato, e se dovessimo estrapolare questi sforzi nel futuro, questi valorosi sforzi non sarebbero sufficienti per raggiungere un livello sostenibile di consumo di risorse e di inquinamento nelle comunità - meglio conosciuto come impronta ecologica delle città.*

### Gli esperti confermano ciò che tutti noi sentiamo: Dobbiamo agire più velocemente, collaborare di più e cercare soluzioni più radicali.

*Per accelerare l'azione, ICLEI invita al tavolo i leader di un'ampia gamma di settori che hanno tutti a cuore la sostenibilità urbana: autorità locali, governi regionali e nazionali, agenzie internazionali, istituzioni finanziarie, organizzazioni no-profit, università e imprese. Sono sindaci e imprenditori, scienziati e direttori di agenzie, ministri e amministratori delegati, responsabili politici e leader organizzativi. Sono innovatori, responsabili delle politiche, gestori di programmi e agenti di cambiamento.*

Questo è tutto. Avete percepito un senso di urgenza, di panico, in questo messaggio? Questa è una tattica dell'Agenda 21 delle Nazioni Unite. Per mantenere il panico, il nervosismo, la mancanza di concentrazione, l'ansia e la dispersione. È un dato di fatto che le persone non pensano con chiarezza quando sono in modalità panico. La confusione e il sovraccarico di informazioni fanno parte della tecnica Delphi. Per sopravvivere sono necessarie "soluzioni radicali" e "azioni accelerate". Si noti che anche se in futuro ogni amministrazione locale di ICLEI si comportasse nel modo più avanzato, non sarebbe sufficiente per raggiungere un livello sostenibile. Riesci a sentire il panico? Non ci credi? Beh, approviamo una legge per convincervi. Ma prima vediamo cosa si compra. Ancora una volta, su www.icleiusa.org :

*Cosa ricevono i membri di ICLEI :*

*Software e **formazione per la** protezione dell'aria e del clima (CACP) Strumenti, guide, casi di studio e altre risorse, tra cui una biblioteca di esempi di ordinanze, politiche, risoluzioni e altri documenti dei governi locali Formazione regionale tramite webinar e workshop **Opportunità di** networking tra pari a livello nazionale, regionale e internazionale Competenza e assistenza tecnica e programmatica da parte del nostro staff regionale Aggiornamenti sui finanziamenti regionali, statali e federali, nonché analisi delle politiche federali e internazionali Eventi annuali di formazione e leadership Riconoscimenti e premi Rappresentanza a riunioni internazionali.*

Sei già più sveglio, vero? Avete trovato la biblioteca di modelli di ordinanze, politiche, risoluzioni e "strumenti" dell'amministrazione locale.

Vi suona familiare? E, tra l'altro, può ammontare a centinaia di migliaia di dollari. La cosa più importante è il software e la formazione "Aria pulita e protezione del clima". Questa è la chiave. Non appena la vostra città o contea diventa membro di

ICLEI (pagata con i soldi delle vostre tasse) o diventa una città resiliente ai cambiamenti climatici e si impegna, la trappola si chiude su di voi. Siete sul nastro trasportatore della sega circolare. Se siete davvero sfortunati, uno dei vostri rappresentanti governativi siederà nel consiglio di amministrazione dell'ICLEI, rappresentando la vostra città o contea in un gruppo internazionale. Nella contea di Sonoma, il supervisore Valerie Brown ha votato per l'assegnazione di un contratto senza gara di 83.000 dollari all'ICLEI per misurare i gas serra e preparare un protocollo. Questo contratto è stato assegnato senza menzionare il fatto che Valerie Brown è anche nel consiglio nazionale di ICLEI. L'ho denunciata alla California Fair Political Practices Commission per conflitto di interessi , ma si sono rifiutati di indagare. Ecco a cosa si sono impegnati i vostri consiglieri o supervisori accettando le pressioni di ICLEI:

**Primo passo:** *condurre uno studio sulla resilienza climatica*

**Fase 2:** *Definire gli obiettivi di preparazione*

**Fase 3:** *sviluppare un piano di preparazione al clima*

**Fase 4:** *Pubblicazione e attuazione del piano di preparazione*

**Fase 5:** *Monitoraggio e rivalutazione della resilienza*

Come si concilia il tutto? Avete partecipato a una riunione Delphi in cui vi è stato detto che nella vostra città dovrebbero essere costruite abitazioni a più piani lungo le linee degli autobus o della ferrovia e che l'attuale design degli edifici e delle strade del centro città non è buono. Vi è stato detto che la vita in campagna o in periferia fa male al pianeta, che guidate troppo, mangiate troppo, annaffiate troppo il giardino, consumate troppa energia e distruggete il pianeta con il vostro atteggiamento egoista. Come fanno a saperlo? Perché la vostra città ha condotto o sta conducendo uno studio sulla resilienza climatica per misurare le vostre emissioni di gas serra. È probabile che vi troviate da qualche parte in questo elenco di pietre miliari e che la pressione sia alta. Il piano generale della vostra città o contea è stato modificato per conformarsi all'Agenda 21 delle Nazioni Unite. Ricordate però che vogliono il vostro "consenso" per poter dire che il piano è vostro. Perché? Perché è più facile quando si è collaborativi e, dopo tutto, la rivoluzione fa male agli affari. Sì, è un grande piano commerciale. Il più grande.

La carota per voi, il mulo, è che salverete il pianeta da un disastro imminente se seguirete le nuove regole. E se non vuoi? Il bastone. La legislazione. Torneremo sulla legislazione poco più tardi. Ma prima di tutto, diamo un'occhiata più da vicino a ICLEI.

Avete sentito il termine "ONG" e sapete che significa "organizzazione non governativa". Si deduce naturalmente che significa "senza scopo di lucro" e che si applica a tutte le organizzazioni senza scopo di lucro. Questo è gergo. Una ONG è una società senza scopo di lucro indipendente dal controllo governativo, come definito dalle Nazioni Unite nel 1945. Il termine "non profit" non significa che la società non guadagna, ma che il denaro in eccedenza, dopo il pagamento degli stipendi e dei progetti, viene reintegrato nella società e non si pagano tasse su tale eccedenza. Il capitolo 27 dell'Agenda 21 delle Nazioni Unite si concentra sul ruolo delle ONG nell'attuazione dell'agenda a livello mondiale. Le ONG sono utilizzate per confondere il confine tra governo e settore privato. Poiché i governi sono sempre meno in grado di mantenere il proprio personale, esternalizzano i propri servizi a organizzazioni, quelle della società civile, che non devono rendere conto al pubblico. ICLEI è un gruppo di questo tipo. Ha uno status consultivo speciale presso le Nazioni Unite, una posizione detenuta solo da pochi tra i milioni di gruppi non profit del mondo. Composto da funzionari governativi, gruppi di pianificazione ambientale e dei trasporti senza scopo di lucro e industrie a scopo di lucro, l'ICLEI sviluppa leggi e politiche coerenti con il diritto internazionale che vi riguardano. ICLEI è l'ente attuatore dell'Agenda 21 delle Nazioni Unite per lo sviluppo sostenibile. L'ICLEI frammenta e influenza i cosiddetti gruppi locali che fanno pressione sul governo per ottenere più regolamenti.

Le dà fastidio che un'organizzazione "non governativa" sia composta da governi locali? Dovrebbe. È un gruppo privato che tiene riunioni non aperte al pubblico. L'ICLEI, una cosiddetta organizzazione non governativa, rappresenta i governi locali alle conferenze internazionali sul clima delle Nazioni Unite. Gli Stati non possono avere una politica estera - è nella nostra Costituzione. Gli Stati e le entità locali non possono stipulare trattati, alleanze o confederazioni. ICLEI riceve finanziamenti federali. Le verifiche fiscali federali disponibili online per gli anni fiscali 2005 e 2006 mostrano che ICLEI ha ricevuto più di 1,7 milioni di dollari nel 2005 e poco più di 1 milione di dollari nel 2006 da queste quattro agenzie federali: Commercio, Protezione ambientale, Sviluppo internazionale e Agricoltura. Il numero di identificazione federale di ICLEI è 043116623. Il modulo 990 dell'IRS per l'anno fiscale 2009 mostra che ICLEI ha avuto entrate per 4.553.618 dollari (oltre quattro milioni e mezzo di dollari). Questo reddito proviene da tutte le fonti dichiarabili negli Stati Uniti per il solo anno fiscale 2009.

Ricordate che una delle sezioni dell'Agenda 21 dell'ONU era "rafforzare il ruolo dei grandi gruppi"?

Potete controllare l'elenco dei membri sul sito www.icleiusa.org per verificare se il vostro Comune è membro, ma è probabile che ICLEI abbia tentacoli nella vostra città anche se non la vedete nell'elenco. L'elenco online non è aggiornato e non riporta i sindaci cool, le città sostenibili e le contee cool. Controllate anche questi. Il programma STAR è un nuovo programma con dieci città pilota. Ecco cosa dice ICLEI al riguardo:

> *ICLEI USA ha constatato che i programmi educativi e politici non sono sufficienti. Le reti e le best practice non sono sufficienti.*
>
> *Gli strumenti software e i consigli non sono sufficienti. La trasformazione richiede un sistema accuratamente coordinato e interconnesso di educazione politica, formazione professionale e networking, supporto tecnico ed educazione civica, nonché una costante valutazione delle prestazioni e feedback con ogni membro del governo locale per un lungo periodo di tempo. ICLEI si è sempre concentrata sulla costruzione di questo "sistema".*
>
> *STAR è progettato per sfruttare ogni elemento del sistema e, attraverso la nostra rete di uffici regionali, stiamo rafforzando la nostra capacità di fornire e, insieme ai nostri membri, di attuare cambiamenti nell'interesse pubblico.*
>
> *ICLEI USA sta sviluppando STAR con una serie di partner chiave, tra cui lo U.S. Green Building Council, il Center for American Progress e la National League of Cities. Inoltre, ICLEI USA ha reclutato 160 volontari in rappresentanza di 130 organizzazioni, tra cui 60 città e 10 contee, agenzie statali e federali, organizzazioni non profit, associazioni nazionali, università, servizi pubblici e aziende private.*

Le emissioni di gas serra sono monitorate, misurate e registrate da ICLEI. Lo scambio di quote di carbonio, gli obiettivi di emissione di gas serra e gli statuti legali sono progettati e promossi da ICLEI.

Il seguente è un estratto di un articolo del *New York Times* del 23 maggio 2011:

> *In tutta l'America e nel Congresso, l'esistenza stessa del cambiamento climatico continua a essere messa in discussione, soprattutto dai conservatori.*

*Gli scettici sono sostenuti da elettori che non si fidano della scienza e si preoccupano delle conseguenze economiche di una maggiore regolamentazione. Eppure, anche se il dibattito infuria, i pianificatori delle città e degli Stati stanno iniziando a prepararsi.*

*Melissa Stults, direttore per il clima di ICLEI USA, un'associazione di governi locali, ha dichiarato che molte delle giurisdizioni con cui lavora seguono una strategia di "integrazione silenziosa della preparazione alle catastrofi nei tradizionali sforzi di pianificazione".*

Qui c'è molto da confutare, ma si noti che l'ICLEI si definisce un'associazione di governi "locali", che le persone che pongono domande sono principalmente "conservatori" che diffidano della scienza, e che la pianificazione tradizionale viene modificata in modo furtivo.

La vostra città/contea si è impegnata a ridurre le emissioni di anidride carbonica/gas serra. È probabile che il vostro governo locale abbia preso questo impegno in risposta alla legislazione approvata dal vostro Stato. Ora siete tenuti a ridurre le vostre "emissioni di gas serra".

Nella nostra contea, la contea di Sonoma, nella California settentrionale, il governo si è impegnato a ridurre la produzione di anidride carbonica del 25% rispetto ai livelli del 1990 entro il 2015. Tra quattro anni. Questo è ciò che sta accadendo in tutto il Paese.

La domanda più ovvia è la seguente: Quando le emissioni di anidride carbonica della contea di Sonoma sono state inferiori del 25% rispetto ai livelli del 1990? In quale anno? Non è possibile trovare queste informazioni. Da nessuna parte. Quante persone vivevano nella contea a quel tempo? Non lo sappiamo perché non conosciamo l'anno, ma la popolazione della contea è aumentata dal 1990. Quindi, se stiamo parlando di riduzioni pro capite e non sappiamo quale fosse la popolazione al momento in cui avremmo dovuto essere il 25% al di sotto del 1990, questo obiettivo ci porterà a una percentuale più alta di una riduzione del 25% su base pro capite.

È una questione di controllo. La contea non sa nemmeno a quale anno stanno cercando di tornare. Negli anni '80 la contea non misurava i "gas serra". O negli anni '70. Ma i loro obiettivi riporteranno la nostra agricoltura, l'industria, l'uso dell'energia, gli affari, la produzione e i mezzi di sostentamento di a qualche livello del passato. Per alcuni è solo un numero, ma non sappiamo quali saranno le conseguenze.

Che impatto avrà sulla nostra produzione alimentare? Sulla nostra capacità di lavorare e di continuare ad essere finanziariamente indipendenti? Saremo così limitati e regolamentati da diventare totalmente dipendenti dal governo per il cibo, la casa e il reddito? E poi? Vivremo in baraccopoli a crescita intelligente? Viaggiare in autobus che vanno solo dove siamo autorizzati ad andare? Limitarsi a lavorare nei nostri villaggi di transito?

Questo è il risultato dei politici che cercano di superarsi a vicenda e delle agenzie che agiscono a livello regionale per cercare di conformarsi ai mandati statali e federali orchestrati da ICLEI. Siete tenuti a rispettarlo. Cosa succede se non raggiungiamo i loro obiettivi? Vediamo un esempio di inventario:

### *L'INVENTARIO 2009 DELLE EMISSIONI DI GAS A EFFETTO SERRA A LIVELLO DIPARTIMENTALE*

*Emissioni di gas serra della Contea di Sonoma nel 1990: 3,6 milioni di tonnellate di anidride carbonica ($CO_2$) Obiettivo di riduzione del 25% rispetto ai livelli del 1990: 2,7 milioni di tonnellate di anidride carbonica ($CO_2$) Emissioni di gas serra della Contea di Sonoma nel 2009: 4,28 milioni di tonnellate di anidride carbonica ($CO_2$)*

*Fonte: Agenzia idrica della contea di Sonoma*
*http://www.sctainfo.org/data.html*

Se questa misura fosse stata applicata nel 2009, le emissioni avrebbero dovuto essere ridotte del 36,92%. Qual è il prossimo passo? Se non riuscite a raggiungere i loro obiettivi? MULTE? Cosa succede se non si possono pagare le multe? Privilegi fiscali? Cosa succede se non si riesce a pagare il pegno fiscale? Confisca dei beni? O lo faranno aumentando i costi dell'energia, razionandola e stabilendo delle fasce in cui si paga di più se si consuma di più fino a rimanere al freddo?

Lo sapevate? Il Regno Unito e gran parte degli Stati Uniti si sono impegnati a ridurre le emissioni di gas serra dell'80% rispetto ai livelli del 1990 entro il 2050. Questa era una delle promesse della campagna elettorale del Presidente Obama. Cosa significa questo per voi? Vi state chiedendo se il vostro sindaco ha firmato l'accordo per la protezione del clima della Conferenza dei sindaci degli Stati Uniti? Basta digitarlo nel motore di ricerca. In ogni Stato degli USA, almeno una città ha firmato l'accordo - oltre 1.050 città. Si tratta di impegni per ridurre drasticamente il consumo energetico fino al 25% entro il 2015. Per conoscere gli obiettivi di riduzione dei gas serra della vostra città o contea, utilizzate il vostro motore di ricerca e digitate **ICLEI USA 2009 Annual Report**.

Ho cercato per giorni, ma non sono riuscito a trovare una tabella delle emissioni storiche di gas serra per gli Stati Uniti. Ho trovato questo grafico che mostra la storia delle emissioni globali di anidride carbonica dal 1850 al 2004. Il dato mostra che intorno al 1945 le emissioni hanno iniziato ad aumentare da 5.000 milioni di tonnellate metriche a circa 29.000 milioni di tonnellate metriche nel 2004. Nel 1990 erano circa 20.000 milioni di tonnellate. Se queste emissioni fossero ridotte dell'80%, il risultato sarebbe di 4.000 milioni di tonnellate di anidride carbonica. Secondo questo grafico, l'ultima volta che il mondo ha raggiunto questo livello è stato... nel 1934.

Al Vertice della Terra di Rio del 1992, dove è stata presentata l'Agenda per il 21^{ème} secolo, il Presidente Maurice Strong ha dichiarato:

> *Gli attuali stili di vita e i modelli di consumo della classe media benestante - che comportano un elevato consumo di carne, l'uso di combustibili fossili, di elettrodomestici, di aria condizionata a casa e sul posto di lavoro e di abitazioni suburbane - non sono sostenibili. È necessario un cambiamento, che richiederà un grande rafforzamento del sistema multilaterale, comprese le Nazioni Unite.*

## Quindi di cosa stiamo parlando esattamente?

Come vengono attuate queste regole e dove si possono trovare? Ecco una domanda che riceviamo spesso sul nostro sito web: La *nostra contea (città, comune, provincia) sta attualmente sviluppando un piano globale. Che cos'è? È legato all'Agenda 21?*

Sì. Un piano globale è chiamato anche piano generale e di solito è obbligatorio/richiesto dalla legge statale. Si tratta di un piano a lungo termine per lo sviluppo fisico della giurisdizione che viene preparato ogni vent'anni e di solito viene aggiornato ogni cinque anni, con modifiche occasionali. Potrebbe chiamarsi La tua città 2020 o 2035, o qualcosa di simile. Lo si ottiene dal dipartimento di pianificazione e sviluppo della comunità. Spesso è possibile trovarla online ed è bene esaminarla con attenzione. Nella sezione dedicata agli obiettivi si possono trovare citazioni dirette dell'Agenda 21 delle Nazioni Unite. Ricordate la tecnica Delphi?

Ricorderete che è stato usato per la prima volta con gli americani per far loro accettare l'idea di mappare le loro comunità e dettare dove e come lo sviluppo potesse avvenire - i piani generali. La legge richiede che il piano generale contenga elementi specifici (trasporti, risorse biologiche, sviluppo della comunità, energia e il nostro elemento socio-economico preferito).

L'elemento socio-economico includerà in genere: Coinvolgimento della comunità (riunioni Delphi), sicurezza pubblica (polizia orientata alla comunità), giustizia ambientale (riduzione o eliminazione dell'industria), assistenza all'infanzia (pericolo per l'infanzia/legge familiare), istruzione (indottrinamento), economia (scelta di vincitori e vinti), parchi e attività ricreative (piste ciclabili).

I Piani Generali 2020 e 2035 identificheranno i diritti della comunità come *"bilanciare la protezione dell'ambiente con le esigenze abitative, occupazionali e ricreative dei residenti attuali e futuri, così come la necessità di opzioni di trasporto per ridurre la dipendenza dall'uso dell'automobile"* (citazione dal Marin Countywide Plan - General Plan,

Contea di Marin, California). Si noti la parola "bilanciamento". È una parola chiave nel gergo dei comunitaristi. Ricorderete che ciò significa che i vostri diritti individuali non sono così importanti e saranno ignorati a favore dei "diritti della comunità".

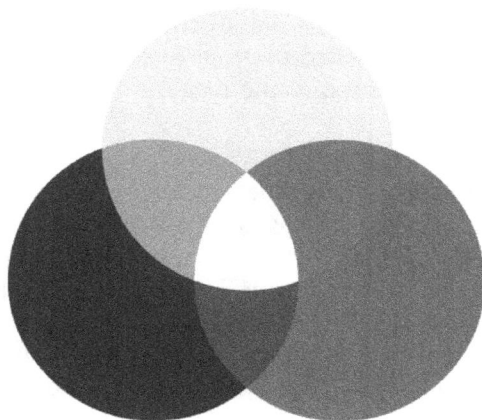

È il simbolo dell'Agenda 21 delle Nazioni Unite: i cerchi intrecciati di ecologia, economia ed equità sociale. Il loro punto d'incontro è lo "sviluppo sostenibile". Questa particolare immagine è tratta dal Piano generale della Contea di Marin, California. Il vostro piano generale utilizza il logo delle Nazioni Unite?

Il piano generale è il metodo, il documento, il disegno complessivo della vita che ci viene imposto. È il quadro di riferimento per molte leggi e regolamenti restrittivi che soffocano le opportunità per tutti, tranne che per pochi eletti. Si tratta di un piano di utilizzo del territorio, ma si estende ben oltre i confini della proprietà, nelle decisioni di vita che prendiamo. Non dimenticate: è anche un piano energetico e dei trasporti.

Il piano generale/comprehensive plan viene adottato dal vostro comune dopo molte riunioni Delphi in cui viene invitato il pubblico e vengono identificati e onorati come "leader della comunità" coloro che fanno "gioco di squadra" e sono sicofanti, in modo che possano parlare a nome vostro.

Vengono identificati anche coloro che sollevano obiezioni. Il piano generale verrà utilizzato per negare ai proprietari il diritto di utilizzare i loro terreni come precedentemente suddivisi in zone.

Ecco come lo fanno. Forse sapete già che se la città o la contea intendono modificare la vostra zonizzazione, sono tenuti a notificarvelo in anticipo. Ma il documento di base che ha la precedenza sulla zonizzazione è il piano generale. Non è necessario ricevere una notifica quando il piano generale viene modificato , perché è "generale" e la vostra proprietà non è l'unica a cambiare destinazione d'uso. Il piano generale è il documento visionario che mostra come la città o la contea vuole che sia l'uso del territorio in futuro, anche se diverso da quello attuale.

Quando ci si rivolge al Dipartimento per lo Sviluppo e la Pianificazione della Comunità per, ad esempio, ampliare il proprio edificio commerciale, apportare alcune migliorie al proprio condominio o addirittura costruire un nuovo edificio sul proprio lotto libero, ci si trova di fronte a uno shock. Perché il Piano Generale richiede che tutte le zone siano conformi ad esso, se la nuova visione per la vostra area è diversa dalla vostra attuale zonizzazione.

Vi verrà detto che la vostra proprietà è ora "legalmente non conforme". Questo è un gergo che significa che non sarete in grado di apportare quei miglioramenti o di costruire ciò che pensavate di poter fare. Nella maggior parte dei comuni, se il vostro edificio brucia o richiede riparazioni per più del 50% della sua superficie totale, non potrete effettuare i lavori necessari per rimetterlo in regola. Se l'uso non conforme viene interrotto per più di sei mesi, di solito si perde il diritto di ripristinare l'uso. Tutto qui. Fatto. Come si suol dire, si ha diritto all'iscrizione, ma solo fino a quando l'uso esistente continua. Non è una questione da poco.

Perché? Perché se vi trovate nel centro della vostra città, è probabile che il vostro terreno sia stato riassegnato a un "uso misto" o a un "villaggio di transito". Questa è crescita intelligente - "uso misto ad alta densità". Come abbiamo detto sopra, questo tipo di costruzione è costosa da realizzare, difficile da finanziare e può portare alla bancarotta prima di aver finito, soprattutto se non si hanno buone conoscenze politiche. E anche se siete uno dei costruttori amichevoli, è un terreno fertile per gli squali, e potreste trovarvi a dare da mangiare a quelli più grandi se hanno messo gli occhi sulla vostra proprietà. Uno degli aspetti da ricordare di questi sviluppi ad alta densità è che si tratta di grandi progetti di condomini o appartamenti. Grande. A volte viene chiesto di costruire 80 unità per acro, che si presentano come un edificio di quattro piani con parcheggio al piano terra e spazi commerciali su un isolato. Questo è il significato di "alta densità". Può essere enorme. Se siete solo una piccola impresa, non potete ottenere i finanziamenti di cui avete bisogno come se doveste costruire venti case sullo stesso lotto invece di ottanta condomini.

I condomini vendono generalmente dall'alto verso il basso. In altre parole, l'ultimo piano con la vista migliore si vende più velocemente e più costoso. Ma bisogna costruire l'intero edificio in una volta sola; non si può costruire prima l'ultimo piano!

Così, invece di costruire prima cinque case e poi le successive dopo averle vendute, ci si indebita pesantemente prima di raggiungere il tetto. Se vi trovate in una zona di riqualificazione, siete pronti per l'esproprio e se non c'è alcun progetto in corso, potete pensare di essere la holding di un promotore favorito che arriverà più tardi e farà in modo che la città prenda la vostra proprietà con uno sconto perché è "legalmente non conforme" e "fatiscente".

Sconto? Sì. La vostra proprietà varrà meno, o addirittura nulla, perché il rischio sarà più alto per un finanziatore o un acquirente. L'investimento riguarda il rischio e il rendimento. La migliore combinazione per un investitore è basso rischio e alto rendimento. Se l'immobile è legalmente non conforme, aumenta il rischio che non possa essere ricostruito in caso di incendio, che il Comune non permetta la continuazione dell'uso attuale se un inquilino si trasferisce o che, in caso di riparazioni importanti, debba essere demolito. Come ho già detto, nella maggior parte delle città vige la regola che se un uso non conforme viene interrotto per più di sei mesi, non è possibile ottenere un nuovo permesso d'uso. Quindi, ad esempio, se avete un edificio non conforme per la produzione di specialità e perdete l'inquilino per più di sei mesi, potreste dover demolire l'edificio. Le banche applicheranno un tasso di interesse e un acconto più elevati per gli immobili ad alto rischio. Il valore della proprietà diminuisce. Perché qualcuno dovrebbe pagare per il vostro immobile la stessa cifra che pagherebbe per un immobile che non presenta questi problemi? Non lo faranno. L'incertezza sull'uso che se ne farà è un'ombra sulla proprietà e influisce sull'assicurazione, sul mix di inquilini, sul finanziamento, sulle opzioni di partnership e sulle possibilità di vendita.

Questo può valere per tutti i tipi di immobili, sia migliorati che sfitti. E forse non lo sapevate nemmeno finché non avete cercato di ottenere un prestito.

Lo trovate noioso? Non dovresti. La maggior parte delle piccole imprese viene avviata con il denaro ottenuto da mutui o linee di credito aziendali. Se non si riesce a ottenere un prestito, non si può avviare o proseguire l'attività. Se non riuscite ad avviare la vostra attività, rischiate di rimanere disoccupati o sottoccupati lavorando per qualcun altro. Avete meno opportunità, meno libertà e meno flessibilità nelle vostre scelte lavorative.

Pssst! Volete sapere un segreto? Quando un'area viene dichiarata "degradata" e diventa un'area di riqualificazione, uno dei criteri utilizzati dai consulenti per questa designazione iniziale è che vi sono troppe imprese locali. Il termine "blight" è un termine gergale definito nel codice sanitario e di sicurezza dello Stato e si riferisce a due categorie: economica e fisica. Una parte dell'elemento economico indica che le entrate fiscali generate dalle vendite nell'area non sono sufficienti. In generale, le piccole imprese generano meno gettito fiscale delle grandi catene nazionali.

Il consulente, che il Comune paga in pratica per trovare i problemi, che ci siano o meno, dirà che troppe imprese locali stanno trascinando l'intera città. Si trovano in vecchi edifici di loro proprietà e non pagano molte tasse sulla proprietà. Così la vostra città dice: fuori il vecchio, dentro il nuovo! Creare un'unità di applicazione del codice nel dipartimento edilizio per tormentare i proprietari! Rifiutate i miglioramenti delle facciate! Lasciate che il quartiere cada in rovina! Riqualificarlo ad uso misto! Incoraggiate i "leader" della comunità locale a chiedere l'attuazione di una nuova visione! Dichiarare il quartiere in pericolo! Prendete le proprietà per esproprio!

Dateli ai compari dei costruttori o ai costruttori di case popolari sovvenzionati dal governo! Abbattere le vecchie aziende familiari e popolari! Ricostruire il nuovo modello con Quiznos, Jamba Juice, Starbucks, Panda Express, Kinko's e Payless Shoes con due o tre piani di appartamenti in cima! Gli affitti saliranno! Le tasse sugli immobili aumenteranno! Questa è la visione. Funziona solo nei periodi di boom, come si vede ora con il crollo dell'economia.

Vi chiedete perché ogni città assomiglia a tutte le altre? La Lega Nazionale delle Città e l'Associazione Nazionale delle Contee stanno spingendo in tal senso, con workshop, corsi di formazione e vendite di associazioni per la riqualificazione. Ecco perché. E le tasse sulla proprietà vengono dirottate dalle casse locali, della contea e dello Stato per 30-45 anni verso le tasche degli intermediari obbligazionari. L'Agenda 21 dell'ONU avvantaggia le grandi aziende . Le città devono essere sicure che queste obbligazioni saranno rimborsate, quindi non vogliono rischiare con un'azienda locale. Questi appartamenti e condomini sono spesso costruiti da grandi società nazionali come LISC e Enterprise Community Development, che hanno costruito 280.000 unità ciascuna con investimenti e leva finanziaria di oltre undici miliardi di dollari.

Ecco una piccola nota a margine sullo sviluppo delle comunità imprenditoriali. Con una divisione sia non-profit che for-profit, oltre a una vasta esperienza nella costruzione di unità a basso reddito in tutto il Paese, Enterprise beneficia enormemente delle sovvenzioni per la riqualificazione. Chi collabora con Enterprise? Coalizioni di biciclette. Thunderhead Alliance (ora chiamato People Powered Movement) è un gruppo di difesa con centinaia di coalizioni ciclistiche, negozi di biciclette e consulenti. Del consiglio di amministrazione fa parte anche Tim May di Enterprise Community Development. Quando questi gruppi si rivolgono al dipartimento di pianificazione per sostenere la crescita intelligente, c'è un incentivo finanziario.

Quanti di coloro che indossano caschi e spandex sanno di essere manipolati dai loro consigli di amministrazione e dalle società di sviluppo che guadagnano miliardi con i soldi delle nostre tasse?

Alloggi a basso reddito = equità sociale = grandi guadagni per i grandi costruttori. Ehi, chi non vorrebbe sovvenzioni di 300.000 dollari per unità per appartamenti a basso reddito mentre le case si vendono a 150.000 dollari? O di sedersi in un posto vuoto.

Nel nuovo mondo verde, l'espansione urbana è un male. La legislazione anti-suburbana è in aumento. Il cul-de-sac è la creatura del diavolo! In California, il Senate Bill 375 è la legge anti-sprawl che, insieme all'Assembly Bill 32 (gas serra), legifera sull'Agenda 21 delle Nazioni Unite. I fondi federali e statali per i trasporti sono destinati allo sviluppo della crescita intelligente e alle infrastrutture. Ecco la giustificazione, la maschera verde, secondo newurbanism. org :

*La qualità della nostra vita si deteriora costantemente perché siamo sempre bloccati negli ingorghi. Il nostro brutto ambiente dominato dalle auto è molto stressante, estremamente malsano (a causa dei gas di scarico tossici che respiriamo quotidianamente) e molto mortale (a causa dei continui incidenti stradali).*

*Questo ambiente stressante si ripercuote su di noi in molti modi: aumento dello stress e della rabbia, aumento dell'abuso di alcol e droghe, aumento dei tassi di divorzio, aumento dei tassi di cancro e di altre malattie ambientali e insoddisfazione generale per la nostra vita.*

*Inoltre, le principali organizzazioni sanitarie sottolineano che un'alta percentuale di americani ha gravi problemi di salute dovuti al sovrappeso. Ciò è dovuto principalmente allo stile di vita pigro che l'espansione urbana impone, con poche o nessuna camminata o esercizio fisico come parte della nostra routine quotidiana.*

*L'ESPANSIONE URBANA NON È INEVITABILE. Non è un sintomo inevitabile della crescita moderna. Lo sprawl è il risultato diretto di specifiche scelte e politiche governative in materia di trasporti, combinate con leggi arcaiche di zonizzazione.*

Crescita intelligente a Berkeley, CA.

Wow, cosa non danno la colpa alle periferie? E avete colto la battuta: "leggi arcaiche sulla zonizzazione"? Ciò significa che sono favorevoli a modificare i piani generali in modo da poter costruire solo una crescita intelligente, e solo dove essi lo consentono.

Il nuovo arrivato è il Distretto di finanziamento delle infrastrutture (IFD), che va di pari passo con la legislazione anti-sprawl ed è una sorta di super-distretto di sviluppo che non richiede un accertamento della compromissione.

Sebbene non esista un potere di esproprio per uso privato, come nel caso della riqualificazione, è possibile utilizzare un progetto infrastrutturale, come la riqualificazione di una strada, per appropriarsi di una proprietà per "uso pubblico" attraverso l'esproprio. La vera novità è che possono essere utilizzati per pagare lo sviluppo residenziale ad alta densità: la crescita intelligente. Per ottenere le obbligazioni non è necessario il voto dei contribuenti e il periodo di ammortamento è di 40 anni. Che ne dite di "non compromettere i cittadini del futuro con le azioni intraprese oggi"? È sostenibile?

## Tornare alla terra?

Volete fuggire in campagna? Dimenticatelo.

Supponiamo di trovarci in una zona rurale, su un terreno di 360 acri con una dimensione minima di 60 acri. È il momento di innervosirsi. Potreste pensare di poter mettere sei case su quei 360 acri, ma ripensateci.

Oltre ai punti panoramici, agli habitat, alle linee di confine, alle soglie dei corsi d'acqua e ad altre limitazioni allo sviluppo, è probabile che il piano generale della vostra contea abbia stabilito che su ogni parcella legale sia consentita una sola abitazione. Le parcelle più piccole possono essere unite in un'unica parcella più grande se la contea decide che non sono state originariamente divise con l'approvazione della contea cento anni fa. Le parcelle di mille acri possono essere limitate a una sola casa. Si possono passare dieci anni a cercare di ottenere le autorizzazioni per suddividere quel migliaio di acri. La contea vuole spazi aperti. Metti la mano in tasca! Pagare per giocare!

Si potrebbe dire: "E allora? Non possiedo un ranch. Perché dovrebbe interessarmi se un agricoltore o un allevatore non può dividere il proprio ranch?". Se siete membri del movimento per il cibo locale, dovreste preoccuparvi. Non volete comprare il vostro cibo a 3.000 miglia di distanza? Più avanti si parlerà di capannoni alimentari e di controllo della popolazione attraverso restrizioni nutrizionali, ma prima di tutto analizziamo lo stress a cui è sottoposto l'agricoltore o l'allevatore locale. In un articolo del 31 gennaio 2009 sulla crisi dell'industria lattiero-casearia nella Baia del Nord, il Santa Rosa Press Democrat ha riportato quanto segue:

> *Domenic Carinalli, il cui caseificio da 350 mucche alle porte di Sebastopol guarda a ovest verso le case rurali sparse e gli alberi a grappolo sulle colline, ha detto di non ricordare un*

*periodo così depresso nella sua zona. "Non è possibile vendere, anche se si volesse, perché nessuno comprerebbe le mucche", ha detto il signor Carinalli, 67 anni. È segretario ed ex presidente della Western United Dairymen di Modesto, che rappresenta 1.100 delle 1.700 aziende lattiero-casearie dello Stato. Per i produttori di latte, ha detto, "è solo una questione di quanto capitale vogliono bruciare per rimanere in attività".*

Perché un agricoltore dovrebbe voler costruire case sulla sua terra? Non stiamo parlando di centinaia di case; stiamo parlando di una casa ogni sessanta acri. Con l'aumento dei costi e delle normative, un agricoltore o un allevatore potrebbe pensare a come ricapitalizzare. Potrebbe temere che i suoi figli adulti non siano in grado di vivere nella fattoria se non hanno ciascuno la propria casa, ma le norme urbanistiche non consentono di avere più di una casa e alcuni edifici agricoli su un appezzamento. Potrebbe temere che alla sua morte non abbiano abbastanza soldi per mantenere l'azienda agricola e che debbano venderla per pagare le tasse di successione o per dividere l'eredità. Molti piani generali non consentono alcun uso diverso dall'agricoltura su terreni destinati all'agricoltura, e la loro idea di cosa sia l'agricoltura cambia continuamente. Alcune contee stabiliscono che se il vostro terreno non produce un raccolto del valore di almeno 800 dollari per acro, sarete tassati con un'aliquota residenziale più alta. Per un coltivatore di fieno, questo è il bacio della morte.

Il fondo agricolo locale si è offerto di acquistare una servitù di conservazione. Quando l'agente del Land Trust si presenta e offre un prezzo elevato per coprire il terreno con una servitù di conservazione, molti agricoltori e allevatori colgono al volo l'occasione.

Che ci crediate o no, il Dipartimento dell'Agricoltura dello Stato del Wyoming sta inviando dei facilitatori agli allevatori anziani per "aiutarli nella pianificazione della successione". Come al solito, queste cose sono troppo assurde per essere inventate. Lo Stato teme che siano troppo poche le aziende agricole a conduzione familiare che vengono mantenute dai membri della famiglia. Il facilitatore statale fa pressione su tutti i membri della famiglia affinché si incontrino con lui e discutano di ciò che accadrà al ranch alla morte del proprietario, quindi incontra ogni membro della famiglia in privato per conoscere tutte le dinamiche intime della famiglia. Non ho letto l'intera guida del facilitatore, ma sembra che l'obiettivo sia ottenere una servitù di conservazione per lo Stato. Se volete leggerlo da soli, digitate il titolo nel vostro motore di ricerca: *Passing It On: An Estate Planning Resource Guide for Wyoming's Farmers and Ranchers*. In realtà lo chiamavano *Passing It On*, come a dire: "Oh, Old Bill? È morto, povero ragazzo. Hanno il senso dell'umorismo...

La "maschera verde" di una servitù di conservazione è che consente all'agricoltore o all'allevatore di continuare l'uso agricolo per sempre e di mantenere il terreno in produzione. La verità è ben diversa. In sostanza, la vendita di una servitù di conservazione equivale alla vendita dei diritti di sviluppo del terreno per sempre. La servitù è legata al terreno, non al proprietario, quindi se si vende il terreno, la servitù rimane con esso. Una servitù di conservazione dà al land trust il diritto di entrare, ispezionare e monitorare l'uso del terreno e di sanzionare finanziariamente il proprietario in caso di violazione dell'accordo di servitù. Si perde il diritto alla privacy, a decidere cosa si vuole fare sulla propria terra e dove lo si vuole fare. Se, ad esempio, siete un agricoltore e parcheggiate il vostro camion agricolo in un'area per caricare il bestiame, e quest'area è "off limits" secondo la vostra servitù, sarete multati. Se volete contestare la multa in tribunale, dovrete pagare tutte le spese legali e processuali, sia che vinciate sia che perdiate. Una singola controversia può costare migliaia di dollari. Il denaro ottenuto per i diritti di sviluppo non durerà più di una generazione. I vostri figli non avranno molto da vendere se dovranno pagare le tasse o comprarsi l'un l'altro, e il terreno sarà probabilmente venduto al titolare della servitù di conservazione. Può trattarsi dello stesso trust fondiario che l'ha acquistata da voi o di un altro. Non vi informano se vendono la vostra servitù a qualcun altro. Qual è il vero scopo di un trust fondiario? Togliere la terra dalla proprietà privata e restituirla alla natura. La maggior parte dei terreni dei Land Trust è completamente chiusa all'uomo. Se pensate che questo sia un bene, ripensateci. Da dove proviene il cibo?

Spero che vi piacciano le verdure. Ecco cosa dice il Centro di Informazione delle Nazioni Unite sugli animali da allevamento:

> *"Il bestiame è uno dei principali responsabili dei più gravi problemi ambientali di oggi", ha dichiarato Henning Steinfeld, alto funzionario dell'Organizzazione delle Nazioni Unite per l'alimentazione e l'agricoltura (FAO).*
>
> *"È necessario un intervento urgente per porre rimedio alla situazione" www.un.org*

Secondo le Nazioni Unite, l'allevamento di bestiame genera più gas serra responsabili del riscaldamento globale, misurati in equivalenti di $CO_2$, rispetto ai trasporti. Le loro soluzioni includono la cattura del metano (molto costosa) e le restrizioni.

Avete mai sentito parlare di capannoni alimentari? I villaggi di transito (un tempo chiamati città) saranno in grado di ospitare solo la popolazione che può essere nutrita da cibo coltivato entro un raggio di 160 km (chiamato "capannone alimentare"). I capannoni di cibo determinano dove si può vivere e quando ci si può spostare. I calcoli, come quelli effettuati di recente dalla Cornell University, determineranno la quantità di cibo che può essere coltivata in quell'area, e quindi la popolazione del villaggio di transito sarà limitata al numero di persone che possono essere sfamate da quel terreno (controllate il sito web della Cornell digitando "Cornell University" e "Food Sheds" nel vostro motore di ricerca).

È ragionevole aspettarsi un razionamento basato su questa modalità. Se volete trasferirvi in questo villaggio, dovrete fare domanda e aspettare che si liberi un posto, non credete? Non ha senso? Perché se producono calorie sufficienti solo per la popolazione esistente, dovrete aspettare. E tutti coloro che vivono lì dovranno avere una carta d'identità. Chiunque voglia sposarsi nella zona o avere un figlio dovrà ottenere un permesso. Sto solo pensando alle possibilità. Potrebbero ridurre il numero di calorie necessarie. Questo potrebbe risolvere il problema. L'etichetta "locavore" è più significativa, non è vero? Facciamolo!

## Wildlands: il nostro futuro glorioso

Le teorie cospiratorie sono per i bambini. Questo è il grande momento. Non servono teorie quando l'attuazione di una politica è sotto gli occhi di tutti. Project Wildlands è una di quelle cose fantascientifiche che ti fanno guardare in modo strano quando ne parli. Purtroppo non sei pazzo. Avete già visto la mappa che Michael Coffman ha preparato per le obiezioni della senatrice Kay Bailey Hutchison al trattato sulla Convenzione sulla biodiversità in Senato. Il trattato non è mai stato ratificato dal Senato, ma viene attuato a livello amministrativo. Se non l'avete visto, digitate "Wildlands Map" nel vostro motore di ricerca. Quando lo si vede, sembra che gli Stati Uniti siano una massa di linee rosse e gialle. Queste linee rappresentano corridoi per la fauna selvatica esistenti o proposti che limitano l'attività umana. L'idea è di riportare le specie allo stato selvatico e di fornire corridoi attraverso il continente per consentire loro di migrare in sicurezza.

Sembra fantastico, non è vero? Ted Turner, il miliardario magnate dei media, possiede migliaia di acri di terreno nel Montana e sembra che stia liberando lupi e orsi nella sua terra per ripopolarla. Gli allevatori e gli agricoltori della zona sono preoccupati per il fatto che alcuni di questi lupi sono di una razza canadese che partorisce più cuccioli per cucciolata rispetto ai lupi locali e che sono feroci cacciatori. Due lupi possono abbattere un cavallo o un alce. In tutto il Paese, nelle città vicine agli spazi aperti, un numero sempre maggiore di leoni di montagna, orsi, coyote, puma e lince sta arrivando nelle aree popolate. Se visitate WildlandsNetwork. org, troverete questa citazione:

> La nostra soluzione scientifica è la creazione di quattro Continental Wildways, vasti corridoi di terra protetta che si estendono da costa a costa e da nord a sud in Canada, Stati Uniti e Messico, con un numero sufficiente di Room to Roam© per proteggere la fauna selvatica e le persone a lungo termine. Attualmente ci concentriamo sulle vie selvagge occidentali e orientali.

È molto bello che abbiano messo il copyright su "Room to Roam". È possibile vedere la loro visione dei corridoi per la fauna selvatica su una mappa che hanno elaborato all'indirizzo WildlandsNetwork.org/Wildways. Ovviamente non possiedono tutti questi terreni, quindi il piano è di acquisirli a titolo oneroso (parchi pubblici o terreni off-limits all'attività umana), attraverso servitù di conservazione, o attraverso restrizioni o regolamenti (sovrapposizioni di risorse biotiche, sovrapposizioni di specie sensibili, ecc. nei piani generali).

I diritti sull'acqua sono il nuovo terreno di scontro, come sapete. Che si tratti del canale perimetrale del delta, delle restrizioni alla pesca commerciale, della protezione delle specie che richiede l'eliminazione dei corsi d'acqua, della riduzione delle deviazioni dei flussi fluviali o della distruzione delle dighe, tutto ruota intorno al "bene superiore".

Secondo l'Agenda 21 delle Nazioni Unite, le dighe sono "insostenibili". Si vedano le pagine 728-763 del *Global Biodiversity Assessment delle Nazioni Unite* per molte altre costruzioni e attività mirate non sostenibili (compresi i campi da golf e le piste da sci).

Il primo esempio è la demolizione proposta nel 2012 delle dighe del fiume Elwha, nello Stato occidentale di Washington, vicino a Port Angeles. Il progetto, che è stato definito uno dei più grandi progetti di ripristino ambientale nella storia degli Stati Uniti, prevede la rimozione di due dighe per la produzione di energia elettrica e consentirà al fiume Elwha di scorrere liberamente verso lo stretto di San Juan De Fuca per la prima volta in 100 anni. I salmoni potranno riprodursi di nuovo e ripopolare le loro fila impoverite. Questa lotta per la rimozione delle dighe va avanti da vent'anni. Le scale di risalita per i pesci non sono mai state installate sulle dighe e i salmoni hanno languito. Quando sono state avanzate proposte per la costruzione di scale di risalita per i pesci, sono state respinte dai gruppi ambientalisti perché, a loro dire, l'acqua era troppo calda e i pesci avevano bisogno di un habitat ripristinato. I critici hanno detto che non si trattava del salmone, ma delle Wildlands. A quanto pare, le vecchie dighe non producono molta elettricità. Ma si tratta di energia pulita, generata localmente, e il costo della demolizione e del ripristino dell'habitat è di 325 milioni di dollari. La cosa sorprendente di questo progetto di demolizione è che nessuno sa cosa succederà.

Dai metodi di demolizione alle potenziali inondazioni e sedimentazioni, fino ai sistemi settici potenzialmente inutilizzabili a valle, il progetto è un grande punto interrogativo. Una cosa è certa: le dighe non ci saranno più e non saranno le ultime a essere distrutte nell'ambito della grande campagna di ripristino della natura selvaggia.

La seconda storia è un po' cupa. Drake's Bay si trova nel nord della California, nella penisola di Point Reyes. Questa splendida penisola affacciata sull'oceano fa parte del Point Reyes National Seashore. La Drake's Bay Oyster Company raccoglie ostriche nella baia da oltre 70 anni. Il contratto di locazione con il National Park Service è scaduto nel 2012, quindi hanno chiesto una proroga. Purtroppo per loro, il

National Park Service vuole trasformare l'area in una "zona selvaggia". Secondo il National Forest Service del Dipartimento dell'Agricoltura degli Stati Uniti, una "zona selvaggia" è definita come segue:

> *La wilderness è "un'area in cui la terra e la sua comunità di vita sono libere dall'uomo, dove l'uomo stesso è un* **visitatore che non si ferma***".*

> *Il Wilderness Act definisce inoltre un'area selvaggia come "un'area di terra federale non sviluppata che conserva il suo carattere primitivo e la sua influenza, senza miglioramenti permanenti o abitazioni umane, che è protetta e gestita in modo da preservare le sue condizioni naturali, e che (1) in genere sembra essere stata influenzata principalmente dalle forze della natura, essendo l'impronta del lavoro dell'uomo praticamente impercettibile"; (2) offre eccezionali opportunità di solitudine o un tipo di ricreazione primitiva e non confinata; (3) ha almeno cinquemila acri di terreno o è di dimensioni sufficienti a permetterne la conservazione e l'uso in uno stato indisturbato; e (4) può anche contenere caratteristiche ecologiche, geologiche o altre caratteristiche di valore scientifico, educativo, paesaggistico o storico."*

C'è un problema, come potete vedere. La Drake's Bay Oyster Company è presente in questo luogo da sette decenni, circa tre decenni in più di quanto esista il National Seashore.

Poiché l'area è ora considerata una "potenziale area selvaggia", il Park Service ha voluto fare il punto della situazione e vedere se fosse possibile limitare ulteriormente l'uso ai "visitatori che non si fermano". Se riuscissero a rimuovere tutti i miglioramenti permanenti nel National Seashore, sarebbero in grado di cambiare lo status dell'area in "area selvaggia designata". A tal fine, hanno installato una telecamera di sorveglianza nella baia e hanno registrato i movimenti dei dipendenti del parco delle ostriche, nella speranza di trovare delle violazioni. Nonostante abbiano registrato oltre 250.000 immagini, nessuna di esse mostrava danni alle foche di porto o all'ambiente. Che cosa ha fatto il Servizio del Parco? L'azienda ha nascosto queste informazioni per poter dire che il parco delle ostriche era una minaccia per l'ambiente e avrebbe dovuto perdere il contratto di locazione. Il 24 marzo 2011 il *San Francisco Chronicle ha* riportato che:

> *La senatrice Dianne Feinstein ha accusato mercoledì il Dipartimento degli Interni degli Stati Uniti di aver minimizzato le prove di una cattiva condotta da parte di scienziati del National Park Service che, a quanto pare, volevano lo sfratto di un popolare allevamento di molluschi di Drakes Bay.*
>
> *L'ufficio legale del Ministero dell'Interno ha pubblicato martedì un rapporto che descrive quello che, a suo dire, è stato un lavoro parziale, inappropriato e pieno di errori da parte degli scienziati. Ma ha concluso che il comportamento non ha raggiunto il livello di "cattiva condotta scientifica" intenzionale e che non si è verificato alcun reato.*

Il titolo diceva che si trattava di un "errore", ma non era così, vero? È stato fatto deliberatamente per dichiarare un'area "selvaggia".

Senza limiti. Primitivo. Primitivo. La natura selvaggia.

Nelle aree rurali, dove le persone vivono e lavorano, vengono utilizzati altri metodi per tenerle lontane dalla terra. Il monitoraggio dei pozzi d'acqua e il rifiuto di costruire fosse settiche fanno parte della determinazione che non possedete il centro della terra e il cielo sopra di voi, come pensavate. Le protezioni ambientali sono importanti per garantire la pulizia delle acque e la salute delle popolazioni animali, ma spesso sono una facciata della maschera verde che nasconde il fanatismo e il controllo dell'Agenda 21 delle Nazioni Unite. L'inventario e il controllo totale di tutte le risorse naturali sono attualmente in corso. Un esempio di un altro modo per eliminare le popolazioni umane rurali è la decisione dei supervisori della Contea di Sonoma, nel dicembre 2010, di asfaltare solo 150 miglia degli oltre 1.380 chilometri di strade rurali della contea. In un articolo del 31 dicembre 2010 apparso sul Santa Rosa Press Democrat si legge che i finanziamenti federali favoriscono le aree più urbane e popolate e non ci sono abbastanza fondi per pavimentare le aree rurali. Il piano prevede la polverizzazione di molte strade e la loro riasfaltatura (spero che abbiano ottenuto una relazione di impatto ambientale per tutta quella polvere!) Pensa che questo avrà un impatto sui valori delle proprietà rurali? Sull'agricoltura?

Sull'accesso ai mercati? In questo modo si crea un maggior numero di candidati per le servitù di conservazione o per le vendite a titolo definitivo ai trust fondiari. Meno proprietà privata. Meno persone sul territorio. Meno terreni in produzione. Meno indipendenza. Meno libertà. E anche meno imposte sulla proprietà generate per i bilanci delle contee, che contribuiranno al deficit crescente.

## Il prezzo dei pomodori marci

Ecco il Consiglio rurale della Casa Bianca. Apparentemente modellato sul Consiglio del Presidente per lo Sviluppo Sostenibile, questo consiglio extra-governativo composto da più di venticinque agenzie governative rimetterà al lavoro l'America rurale, renderà legale il vostro trattore, microproteggerà le vostre mucche e... beh, ve lo lascerò dire dal sito web del Consiglio Rurale della Casa Bianca:

> *Per affrontare le sfide dell'America rurale, basarsi sulla strategia economica rurale dell'amministrazione e migliorarne l'attuazione, il Presidente ha firmato un ordine esecutivo che istituisce il Consiglio rurale della Casa Bianca.*

> *Il Consiglio coordinerà gli sforzi dell'amministrazione nell'America rurale svolgendo tre funzioni chiave. Essa deve :*

1. *Razionalizzare e migliorare l'efficacia dei programmi federali per l'America rurale.*

2. *Coinvolgere le parti interessate su problemi e soluzioni nelle comunità rurali*

3. *Promuovere e coordinare i partenariati con il settore privato.*

Ancora i partenariati pubblico-privato. Promuovere e coordinare" significa scegliere vincitori e vinti? Coinvolgere le "parti interessate" sembra un po' come fare con Delphi. Razionalizzare l'efficacia dei programmi federali" significa creare un nuovo livello di burocrazia, regolamentazione, restrizioni, multe, sanzioni e sorveglianza.

Forse è questo che intendono quando dicono di voler rimettere l'America al lavoro. Posti di lavoro locali per l'attuazione dell'Agenda 21 delle Nazioni Unite.

## Come si inserisce la regionalizzazione in questo contesto?

Regionalizzazione. Se non sapete ancora cos'è, lo saprete presto. È il passo intermedio sulla strada della globalizzazione. La creazione di un altro livello di governo non eletto e non responsabile nei vostri confronti. Un conglomerato di comuni che approvano nuove leggi e obiettivi che sostituiscono le loro leggi locali - e poi si rivolgono alla comunità locale dicendo che sono tenuti a rendere conformi le loro leggi locali. Una manipolazione volta a togliere la sovranità alle comunità locali che si accaparrano le sovvenzioni invece di rendersi conto che si stanno gettando nel vuoto. Ora la pianificazione dovrebbe essere regionale. I trasporti, ad esempio, non avrebbero senso se le strade non fossero collegate tra loro al di fuori della propria città o contea. Ma la regionalizzazione collega per la prima volta i finanziamenti per l'edilizia abitativa e i trasporti in un'ottica di "giocare o morire di fame". Le agenzie regionali stanno collaborando con il governo federale e con organizzazioni non profit come ICLEI per intrappolare i residenti. Perché? Perché l'obiettivo è un governo mondiale. Davvero. Per regioni si intendono gruppi di contee, gruppi di Stati e infine gruppi di nazioni, come l'Unione Europea. Alla fine si passerà a un governo unico. Si tratta di un trasferimento graduale di diritti, a partire dal livello locale.

La storia che segue si svolge nell'area della baia di San Francisco, ma potrebbe essere già presente nella vostra zona. Se non lo è, lo sarà presto.

Gli incontri Delphi si stanno attualmente svolgendo nelle nove contee della Baia di San Francisco. Il pubblico partecipa come sessione di propaganda e per dare l'illusione del sostegno pubblico. Sapete che essere "Delfi" significa essere stati sottoposti a una riunione di visioning in cui il risultato era già stato deciso prima ancora che voi entraste nella stanza. La chiamano "SCELTA", ma in realtà l'unica cosa che la rende una scelta è che le vostre tasse la pagano e vi viene imposta. In questo caso si tratta di OneBayArea, ma nella vostra zona si chiamerà in un altro modo, qualcosa di regionale. Si tratta principalmente di un piano dei trasporti, ma è solo una scusa per creare un enorme piano regolatore basato sulla riqualificazione che include restrizioni all'uso del territorio. In realtà, si tratta di un modello abitativo "stack-em and pack-em"[1] per un enorme piano di Agenda 21/ICLEI delle Nazioni Unite. Si tratta di farvi lasciare la vostra casa rurale o suburbana per trasferirvi in un appartamento o in un condominio ben progettato e facilmente controllabile, senza spazio per l'auto e con scarsi trasporti pubblici. Vi verrà detto che le persone prenderanno i mezzi pubblici solo se sono stipate nei centri

---

[1] "Accatastateli e impacchettateli.

urbani e che l'abbandono delle auto è il modo principale per ridurre i gas serra.

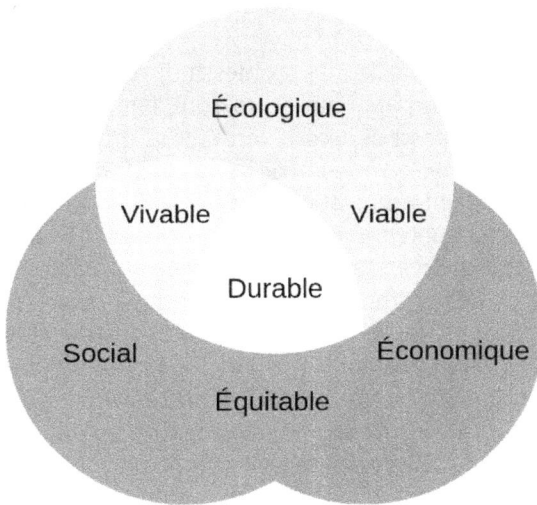

Il logo dello sviluppo sostenibile

E le auto elettriche? Ci viene detto che guidare è antisociale e che abbiamo bisogno di esercizio fisico! Gli animatori, tra l'altro, sono dei perfetti ipocriti che vivono in case unifamiliari... basta chiedere a loro.

E hanno anche portato le loro auto alla riunione.

# La maschera verde

L a maschera verde è la promessa di respirare un'aria più pulita, meno inquinamento, più tempo per le vostre famiglie, posti di lavoro verdi, costi più bassi e una vita migliore, più vivace, percorribile a piedi e in bicicletta. L'obiettivo è quello di omogeneizzare la Bay Area e il Paese con una "crescita intelligente": sviluppi abitativi e commerciali sovvenzionati dalle tasse sulla proprietà e sui trasporti. L'idea è che quando tutti vivono lungo i binari della ferrovia o di una linea di autobus, sarà più conveniente gestire il trasporto pubblico. Ci saranno meno luoghi da visitare e più persone che li utilizzeranno. Ci sarà meno inquinamento perché nessuno avrà un'auto. Gli affitti saranno economici perché gli alloggi saranno piccoli. Piccole unità significano basso consumo energetico. Non avrete un giardino, quindi non sprecherete acqua per le piante. Non pioverà o nevicherà mai, indipendentemente dal luogo in cui si vive, quindi tutti possono andare in bicicletta ovunque. Tutti saranno felici, i bambini saranno al sicuro, ci sarà molto tempo per bere un caffè nel bar al piano di sotto e non ci saranno crimini perché tutti guardano gli altri. Sempre.

Ok, andiamo alla riunione. Se non siete mai stati a una riunione Delphi, vi aspetta uno shock. Anche se i facilitatori dicono che si tratta di ascoltare la vostra opinione, in realtà, se osate dire qualcosa o fare una domanda che non è in accordo con la macchina della propaganda, sarete respinti. Sì, i cosiddetti americani perbene della vostra stessa città vi urleranno contro come una folla scatenata e vi diranno che NON VOGLIONO SAPERE da dove provengono i finanziamenti per il progetto. NON VOGLIONO SAPERE quanto costa loro il progetto. NON VOGLIONO SAPERE perché l'intero piano/progetto è stato progettato in anticipo quando si suppone che sia stato plasmato dal pubblico. Quanto costa? 200.000.000.000 di dollari. Si tratta di 200 miliardi di dollari nei prossimi venticinque anni solo nell'area della baia di San Francisco.

Se si vuole mantenere la propria città così com'è oggi, si chiama "Business As Usual" e si viene svergognati. La scelta che si suppone di fare è il "futuro pianificato", con sempre più sviluppo urbano e più controllo da parte del governo. I facilitatori vengono a cercarvi se non volete seguire il programma. Aspettatevi disprezzo, vergogna, isolamento e commenti sprezzanti. La sala è piena di funzionari eletti, dipendenti pubblici, gruppi no-profit, membri del consiglio di amministrazione e comitati per garantire che il risultato sia quello "giusto".

Come faccio a sapere che sta succedendo? Perché è successo a me. Proprio la settimana scorsa. Sono stato sgridato da persone di mia conoscenza, persone che lavorano nel governo e nelle organizzazioni non profit, che si sono arrabbiate perché facevo domande alle quali tutti dovrebbero aspettarsi una risposta. Stavo facendo una scenata? Stavo gridando? No, ero calmo, vestito in giacca e cravatta e dicevo la verità. È una minaccia in riunioni come questa. L'ultima cosa che vogliono è un pubblico informato. Questo accade ogni volta che vado a una riunione. In effetti, mi ci sono abituato, ed è vagamente divertente che il sindaco ti urli contro che non vuole sapere quale sarà l'impatto sulla città. L'incontro è stato filmato - erano presenti diverse troupe cinematografiche. Sono tornato indietro e ho chiesto loro se intendevano tagliare le mie osservazioni e quelle di altri che avevano sollevato obiezioni. Non mi guardavano e non mi rispondevano. Ho riconosciuto il direttore del centro pubblico dei media locale e gli ho chiesto se questo sarebbe stato trasmesso dalla televisione pubblica, ma mi ha risposto che non lo sapeva.

Sembrava vergognarsi.

Vi starete chiedendo se i vostri funzionari governativi sono a conoscenza dell'Agenda 21/ sviluppo sostenibile delle Nazioni Unite. Sì, è così. Tra un attimo vi spiegherò come antidelfizzare una riunione. Ma ora guardiamo alla regionalizzazione.

La regionalizzazione è il passo intermedio della globalizzazione e il metodo con cui leggi, norme e regolamenti possono essere standardizzati in modo da non potervi sfuggire. La tendenza regionale è quella di limitare lo sviluppo futuro alle aree di riqualificazione e alle aree di sviluppo prioritario. SOLO. Lo capisci? Se possedete un terreno al di fuori di queste aree, potreste non essere in grado di costruirvi. Non ho detto "terreni fuori dai confini della città", no. I terreni al di fuori di una zona di riqualificazione, al di fuori di una piccola sezione di uno stretto corridoio di trasporto largo 1/4 di miglio, potrebbero non essere edificabili. È incredibile. Se la vostra città vuole ottenere una parte dei grandi finanziamenti per i trasporti e la pianificazione, deve accettare che per i prossimi 25 anni lo sviluppo residenziale avverrà solo nelle aree di sviluppo prioritarie. Perché lo fa soprattutto nelle aree di riqualificazione? Perché hanno il potere di espropriazione e possono prendere la vostra terra contro la vostra volontà. Tutte le nuove costruzioni per soddisfare l'aumento della popolazione per 25 anni saranno in una piccola area. Ecco perché le chiamano aree di sviluppo prioritario. La città e la contea possono prendere le tasse sugli immobili in quell'area per i prossimi 30-45 anni e usarle per pagare il debito obbligazionario e per pagare i loro compari per sviluppare una crescita intelligente. Sentite questo tuono? I venditori corrono a vendere le loro proprietà al di fuori delle aree di riqualificazione o di sviluppo prioritario e gli acquirenti corrono ad acquistare in quelle aree. Ma in silenzio, furtivamente, perché non vi siete ancora svegliati.

Nella Baia di San Francisco, questi incontri pubblico-privati sono organizzati da due gruppi regionali: la Metropolitan Transportation Commission e l'Association of Bay Area

Governments (ABAG). Nella vostra regione, avranno un nome simile, come Metropolitan Planning Organization (MPO) e Council of Governments (COG). Questi due gruppi di pianificazione regionale sono composti da consiglieri comunali e supervisori di contea selezionati in tutta la "regione", responsabili dell'attuazione delle strategie di comunità sostenibile dell'Agenda 21 delle Nazioni Unite. Collaborano con gruppi no-profit come Greenbelt Alliance, che a loro volta sono costituiti da organizzazioni associate come Pacific Gas and Electric, Sierra Club, US Environmental Protection Agency, ecc. Collaborando con un gruppo privato come Greenbelt Alliance, il governo può fornire sovvenzioni a organizzazioni private che, in qualità di consulenti, progetteranno la formazione senza la vostra supervisione o conoscenza.

I membri di questi gruppi fanno la spola tra il governo e i gruppi no-profit e possono quindi definire politiche pubbliche che li avvantaggeranno personalmente quando torneranno nel settore privato. Le linee di demarcazione tra pubblico e privato sono confuse. Esistono leggi molto severe che regolano l'accesso del pubblico alle informazioni e leggi severe che regolano il comportamento corretto dei funzionari eletti. Le leggi stabiliscono che tutto ciò che riguarda il pubblico deve essere condotto pubblicamente.

Ma il modo in cui questi gruppi sono costituiti rende quasi impossibile seguirli, e il vostro giornale non vi informerà sui loro gruppi di lavoro, gruppi di studio, riunioni del consiglio di amministrazione, ritiri e sessioni strategiche.

Queste agenzie lavorano con un modello ricevuto da ICLEI, che urbanizza ogni area target e svuota gradualmente le comunità rurali e suburbane nella città. Il processo diventa sempre più veloce man mano che ci si avvicina all'obiettivo. I documenti di pianificazione di ogni città e contea sono standardizzati e allineati a questa idea. L'uso misto funziona solo in aree altamente urbanizzate dove c'è un numero sufficiente di residenti per sostenere la vendita al dettaglio. San Francisco è un esempio di dove può funzionare, ma anche lì le densità previste sono molto più alte di quelle attuali. In generale, le città più piccole non possono sostenere questo modello.

Mentre stavo valutando un centro commerciale in una piccola città, mi sono imbattuto in un interessante articolo del giornale locale, *The Valley Mirror*. L'articolo di Doug Ross del 28 novembre 2008 è un'insolita trascrizione di una riunione congiunta tra i consiglieri e i supervisori di tre piccole città e di una contea della California centrale. Quest'area rurale sta valutando la possibilità di eliminare i dipartimenti di polizia locali e di creare un'agenzia di polizia a livello di contea, un dipartimento di lavori pubblici e un sistema bibliotecario. Un supervisore della contea ha dichiarato: "Potremmo dover disincorporare le città e formare un'unica amministrazione comunale. Siamo soli. Siamo - non voglio dirlo - "fregati" dal punto di vista finanziario. Odio il regionalismo, ma a meno che non si riesca a tirare fuori una torta dall'aria, la Contea di Glenn verrà schiacciata finanziariamente da regioni più grandi". Queste piccole comunità scompariranno. Significativamente, questi miseri funzionari eletti hanno ricevuto un minaccioso discorsetto di incoraggiamento da una donna di un gruppo no-profit che organizza sovvenzioni per programmi energetici. Ecco cosa ha detto: "San Bernardino e Stockton sono state citate in giudizio dal procuratore generale quando hanno presentato i loro piani generali senza un piano di mitigazione delle emissioni. Stockton ha incontrato il Procuratore Generale e ha accettato di inventariare le emissioni di gas serra per categoria. Oggi è una delle città più verdi dello Stato". Sì, Stockton era appena entrata a far parte di ICLEI.

Con la creazione, l'identificazione e la sovrapposizione di un numero sempre maggiore di regioni ai governi statali e locali, ci sarà una maggiore legislazione regionale e un minore controllo locale. Il governo locale esisterà solo per attuare le normative regionali a livello amministrativo.

La sovranità separata scomparirà. Quando gruppi di rappresentanti eletti in regioni diverse si riuniscono in consigli regionali, non avrete modo di eliminarli collettivamente e dovrete recarvi in un centro regionale per partecipare alle riunioni o per opporvi a nuove leggi.

I vostri diritti di elettori si dissolveranno nel consenso del comunitarismo.

## Sappiamo quando avete dormito

Questa è ingegneria sociale. Si lascia la propria casa rurale o suburbana, dove si conoscono tutti i vicini e si ha una vera comunità, per una "comunità" artificiale, transitoria e illusoria. La realtà è che un gran numero di persone stipate in uno spazio ridotto mette sotto pressione i servizi, richiede nuove condotte idriche e fognarie enormi e costose, e può portare ad alti tassi di sfitto, criminalità e scarsa manutenzione. Questi sviluppi sono progettati per garantire un minimo di privacy e per consentire alle agenzie di controllo dell'energia e dell'acqua di limitare i consumi senza il vostro consenso.

Con il pretesto dell'ambientalismo, lo stress della vita aumenterà grazie all'aumento delle regolamentazioni e delle restrizioni. Tutte le città saranno uguali. Dove vivrete? In un appartamento o in un condominio con un consiglio di amministrazione di un'associazione di proprietari di casa o di un consiglio di residenti che controllerà il vostro comportamento. Se suonate il sassofono, litigate con il vostro partner, bruciate incenso, stendete il bucato o fate qualsiasi altra attività vietata, rischiate di perdere l'appartamento o di essere multati. I luoghi completamente privati sono pochissimi. La nostra cultura attuale ci ha condizionati ad abituarci alla perdita della privacy. Non è forse questo che è Facebook?

E che dire dei continui messaggi di testo? E i reality? Sarete umiliati se volete la privacy. Anche i programmi in 12 passi espongono i problemi più intimi a chiunque si presenti. Vi dà fastidio?

Cosa stai nascondendo? State nascondendo la fotocamera integrata del vostro portatile?

I giovani di tutto il mondo crescono con una visione della vita completamente diversa da quella dei loro genitori. E diciamolo: è un movimento guidato dai giovani. Se avete meno di 35 anni, le vostre aspettative sono molto diverse da quelle dei vostri genitori. Potreste non trovare mai un lavoro decente. La vostra laurea è una disoccupazione verde di lunga durata. Forse non avrete mai una casa vostra. Non si può lavorare per la stessa azienda per più di cinque anni.

Il vostro concetto di lealtà potrebbe essere compromesso. Il senso di dipendenza dai programmi governativi sarà elevato. Potreste non essere mai liberi dal debito. I giovani sono indottrinati da un'educazione basata sui risultati ad accettare una qualità di vita inferiore, una vita collettiva. Si insegna loro a essere obbedienti, a dare le "risposte giuste" alle domande dei test, a lavorare in una "coorte" e a vedersi come una minaccia per il pianeta. A meno che non siate abbastanza ricchi da frequentare una scuola privata della Ivy League, imparerete solo quello che c'è scritto nel test. Non imparerete ad apprendere o a pensare in modo indipendente. Si tratta di una parte fondamentale dell'Agenda 21, che mira ad aumentare il divario tra ricchi e poveri. Sì, è anche la maschera verde. È un modello comunitario che accetta la perdita dei diritti individuali come parte del bene comune, di un unico pianeta.

Ho notato che ICLEI-USA, se si fa una ricerca su di essa come datore di lavoro, mostra che impiega circa 220 persone, con un'età media di 29 anni e il 55% di donne.

Queste giovani donne ricevono uno stipendio decente o possono permettersi solo un appartamento in uno degli edifici in affitto ad alta densità urbana vicino a una linea ferroviaria?

Il reclutamento dei gruppi dissidenti sembra concentrarsi su disadattati, estremisti, fanatici e, in generale, su coloro che sono rigidamente governati e controllabili dai "leader del gruppo". I gruppi ambientalisti sono passati da quelli che amano fare escursioni e godersi la vita all'aria aperta a quelli con un programma di ingegneria sociale. Esiste un programma gestito da Sonoma County Conservation Action, un gruppo politico ambientale che sostiene i candidati, chiamato "Conosci il tuo vicino". Questo programma viene promosso anche durante i Neighborhood Summits, i workshop sponsorizzati dalla città e dalle ONG in cui vengono selezionati i leader di quartiere. La responsabile era una giovane donna molto gentile. È venuta alla mia porta e me ne ha parlato. L'obiettivo era quello di avere in ogni circoscrizione qualcuno che conoscesse tutti e che conoscesse anche le loro opinioni politiche, in modo da poterli coinvolgere quando si trattava di votare. SENZA BLASFEMIA.

C'è un'altra cosa da dire sull'ingegneria sociale. La maggior parte di noi, dopo aver sentito parlare per la prima volta dell'Olocausto, si è chiesta se fosse il tipo di persona in grado di commettere tali crimini. Se siamo onesti con noi stessi, abbiamo detto no, ma poi abbiamo avuto una sorta di vaga sensazione di disagio. Possiamo esserne certi?

Negli anni '70, il professor Philip Zimbardo ha condotto l'esperimento carcerario di Stanford presso l'Università di Stanford. Lo psicologo voleva vedere se gli studenti si sarebbero torturati a vicenda se avessero avuto il permesso. Ha allestito una "prigione" nel seminterrato dell'università, ha assegnato a caso alcuni studenti come prigionieri e altri come carcerieri e ha osservato. L'esperimento dovette essere interrotto a causa della brutalità dei carcerieri, che erano semplici studenti. Quanto è durato? Sei giorni.

Ebbene, indovinate un po'! Avrete la possibilità di vedere cosa sapete fare, se non l'avete già fatto.

Forse siete uno di quei deboli che sono già saliti sul carro per spiare il vostro vicino per il "suo bene" (Community Oriented Policing, Asset Based Community Development, Neighborhood Watch, esclusione di persone dai gruppi di quartiere, segnalazione di un vicino che fuma nel suo appartamento...). L'adulazione è un grande manipolatore.

DIMMI ROD, TI DISPIACE SE MI PRESTI UNA TAZZA DI CREDITI DI CARBONIO? HO SUPERATO LA MIA QUOTA MENSILE.

Forse vi verrà chiesto di ragionare con un vicino - vi verrà detto che siete un insider così importante, ehi, il sindaco vi ringrazierà!

Potrebbe essere necessario un po' di più per spingervi oltre il limite. Quando vostro figlio tornerà a casa e vi dirà: "La mamma di Billy dice che siete pazzi se non sostenete il Bike Boulevard, ed è arrabbiata perché non seguite la strada del quartiere", lo farete?

Forse vi nasconderete nell'anonimato, perché se vi alzerete in piedi potreste perdere il vostro lavoro.

I vostri figli sono indottrinati al 100% con l'Agenda 21 dell'ONU - lo sviluppo sostenibile? Cosa significherà questo per le conversazioni a tavola? Rimarrà in silenzio?

Non ci vuole molto per distruggere un tessuto sociale. Solo la volontà di farlo. E la paura di essere feriti o impopolari se non lo si fa. Gli studi dimostrano che le persone preferirebbero subire danni fisici piuttosto che essere rifiutate dai loro vicini. La resistenza a questo movimento sta crescendo. Stai leggendo questo articolo. Ci state pensando. Questo non è un programma televisivo, non è un dramma e non è un gioco. È la vostra vita. Chiunque può essere un buon tedesco. I nazisti lo hanno fatto lentamente. Ci sono voluti anni per recuperare il ritardo. All'inizio non sono stati presi sul serio, ma hanno manipolato il sistema in modo strategico. Hanno stretto le viti, ristretto le scelte, premiato gli spioni ed eliminato i coraggiosi. Farete parte della resistenza?

## Il nostro viaggio verso la verità inizia

Vi racconterò la storia di come ho scoperto l'Agenda 21 dell'ONU. Credo sia importante vedere come due persone ignare siano cadute nella fossa dei serpenti e siano sopravvissute.

Sono un democratico, e lo sono da quando mi sono registrato per la prima volta per votare nel 1974. La rilevanza della mia appartenenza partitica è che sono sempre stato un liberale. Ho votato una sola volta per un repubblicano, l'anno scorso, dopo aver denunciato il candidato democratico all'Assemblea, Michael Allen, alla Fair Political Practices Commission per un grave conflitto di interessi. È stato condannato e multato... dopo essere stato eletto.

Sono favorevole alle scelte, contro la guerra, femminista e gay. Io e Kay ci siamo sposati legalmente il giorno del nostro 16° anniversario nel 2008 in California. Per oltre 30 anni ho organizzato discorsi, partecipato a manifestazioni e distribuito petizioni. Pensavo che Bush avesse rubato le elezioni. Due volte. Sapevo dell'11 settembre non appena ho visto crollare le torri e non ho mai creduto alla storia ufficiale. Mi sono sempre occupato di questioni nazionali, ma dopo aver letto *Dude, Where's My Country* di Michael Moore, ho deciso di seguire il suo consiglio e di impegnarmi a livello locale.

Nel 2004 e nel 2005, Kay e io abbiamo acquistato una proprietà da investimento a Santa Rosa, in California, a circa un'ora da casa nostra. Ci sembrava un buon investimento e ci piaceva il fascino della piccola città di Santa Rosa, una città di circa 170.000 abitanti. Dopo aver trasformato la nostra proprietà dipingendola e sistemandola, abbiamo incoraggiato i nostri vicini della piccola strada commerciale del centro a fare lo stesso. L'area stava diventando nota come un eccentrico quartiere artistico con gallerie e studi locali. Nel 2005, i proprietari di immobili limitrofi vennero da me e mi chiesero se volessi candidarmi per un comitato di controllo cittadino per la nuova area di riqualificazione Gateways che si stava creando nel centro città. A quanto pare, questo progetto era in cantiere da tempo ma, non trattandosi di una questione di divulgazione immobiliare, non ne eravamo a conoscenza. I vicini hanno pensato che, essendo io un perito commerciale con decenni di esperienza nel settore delle espropriazioni e della pianificazione territoriale, sarei stato un ottimo rappresentante per loro all'interno del comitato. Questa era la mia opportunità di restituire alla comunità e ho accettato di candidarmi per un seggio.

Pur avendo valutato centinaia di immobili, tra cui centri commerciali, aziende vinicole, concessionarie d'auto, campi da golf, una segheria, una cava di sabbia e ghiaia, una raffineria di petrolio ed edifici per uffici nelle nove contee della Baia di San Francisco e nella Contea di Los Angeles, sapevo poco di riqualificazione. Naturalmente ero rimasto sbalordito quando, pochi mesi prima, la Corte Suprema degli Stati Uniti aveva stabilito *nella causa Kelo contro la città di New London, nel Connecticut,* che per creare un'area di progetto per la riqualificazione non era necessario stabilire che una proprietà o un'area fosse "degradata". La Corte Suprema, con una decisione scioccante che ha indignato la nazione, si è schierata dalla parte della città e ha stabilito che se un comune pensa di poter aumentare le proprie entrate fiscali prendendo la vostra terra attraverso il dominio eminente e dandola o vendendola a qualcuno che ne farà un uso più redditizio e generatore di tasse, può farlo. Sì, la decisione è stata che se avevi una piccola attività sulla tua proprietà e un'attività più grande è arrivata e ha detto: "Ehi, signor direttore della città, abbiamo una 'visione'. Ci piace molto questa posizione e possiamo pagarvi molto di più in termini di imposte sulle vendite e sulla proprietà rispetto al piccolo proprietario di questa proprietà". È per il "bene comune", una vera decisione comunitaria.

Come ricorderete, il Quinto Emendamento della Costituzione degli Stati Uniti conferisce al governo il "diritto di prendere" una proprietà tramite dominio eminente per uso pubblico, a condizione che il proprietario riceva un giusto compenso. Sono d'accordo con questo principio e per la maggior parte della mia carriera ho lavorato per il Dipartimento dei Trasporti della California, valutando le proprietà necessarie per la costruzione di strade. È necessario che il governo ricorra all'esproprio per progetti che sono chiaramente di interesse pubblico, come progetti stradali o di utilità. Ma la nuova decisione della Corte

Suprema ha cambiato la definizione di "uso pubblico", in modo che tutto ciò che fa guadagnare più soldi a una città sia considerato un uso pubblico. Ricordo che all'epoca pensai che forse questi giudici della Corte Suprema avrebbero pensato diversamente se un costruttore di si fosse offerto di demolire le loro case per costruire una fabbrica, come accadde nel caso *Kelo*. A proposito, visto che siamo in tema, Suzette Kelo ha perso la casa e tutti gli abitanti del suo quartiere, ma in seguito il gigante farmaceutico Pfizer, che aveva progettato di costruire una fabbrica in quella zona, ha cambiato i suoi piani, ha chiuso il suo impianto a New London e l'intero quartiere è ora solo un grande lotto vuoto. Quante tasse sugli immobili riscuote oggi la città? Nessuno.

Torniamo alla mia storia. Quando il 5 agosto 2005 mi sono candidato al Comitato per il progetto dell'area di riqualificazione di Gateways, avevo già fatto alcune ricerche. Sapevo che la legge della California era più severa di quella del Connecticut e che *Kelo* non si applicava in questo caso. In California, prima di poter essere riqualificata, un'area doveva essere dichiarata in stato di degrado. L'area del progetto era enorme. Con una superficie di oltre 1.300 acri, si estendeva dall'estremità meridionale della città a quella settentrionale, su entrambi i lati dell'autostrada che la divide in due. Più di 10.000 persone vivevano e lavoravano in quest'area. Mi ha sorpreso che la città abbia potuto dire che gran parte del suo nucleo centrale era degradato. Esistevano già altre quattro aree di riqualificazione all'interno dei confini della città che erano "degradate". Con l'aggiunta di questa nuova area, il totale delle aree degradate arriverebbe a cinque chilometri quadrati e mezzo. Blight è un termine gergale molto complesso che si riferisce alle condizioni fisiche ed economiche di un'area.

Se siete interessati, potete trovare questa definizione nella sezione 33030-33039 del Codice della salute e della sicurezza della California, ma in sostanza dice che per essere "blighted" l'area deve essere caratterizzata da una condizione così grave e diffusa da costituire un peso per la comunità, e che nessuno investirà in quell'area o farà qualcosa per migliorarla a meno che il governo non intervenga e fornisca incentivi. Sembra una cosa seria, vero? Non pensavo di aver visto nulla di simile, ma pensavo che sapessero cosa stavano facendo.

Ho anche pensato che la città sarebbe stata felice di avermi nel comitato, perché sono un professionista e potrei aiutarli a spiegare le cose agli altri membri del gruppo. Mi sbagliavo.

Mentre aspettavo nell'affollato auditorium di tenere il mio "discorso di campagna", mi sono stupito del fatto che così tante persone volessero far parte di questo comitato. Sviluppatori, proprietari di società di ingegneria, avvocati, trasportatori di permessi, ex candidati al consiglio comunale e un conduttore di talk show erano tutti in lizza per le posizioni. Quando è arrivato il mio turno, ho raccontato alla folla la mia esperienza e poi ho detto: "È tutta una questione di degrado". Se non c'è degrado, non c'è giustificazione per il progetto". Kay mi disse in seguito che l'impiegato comunale incaricato del progetto si alzò di scatto e iniziò a camminare irrequieto in quel momento. Ho detto alla folla che per molti anni sono stato un esperto di uso del territorio e di valutazione delle proprietà, e che sono un testimone esperto che testimonia nelle controversie su questi temi. Ho promesso di ascoltare i cittadini e di assicurarmi che tutto fosse in ordine per questa area estremamente vasta. Avevamo il diritto di sapere cosa era stato pianificato per quest'area e finora nessuno della città ci aveva dato informazioni. Ho ricevuto molti applausi e sono stato eletto con il maggior numero di voti. Ci riunivamo ogni mese in una piccola stanza nel retro di un edificio ausiliario della città, dopo la chiusura della giornata.

## Il risveglio

Anche se non avevo mai sentito parlare della tecnica Delphi, sapevo che qualcosa non andava nelle riunioni mensili del comitato.

Intuitivamente, Kay e io decidemmo che, sebbene lei avrebbe partecipato a ogni incontro con me, avremmo guidato separatamente, senza mai arrivare insieme e senza mai riconoscerci. All'inizio era l'unico membro cittadino dell'udienza. Le riunioni sono state condotte da due avvocati assunti dalla città per il progetto e sono state trascritte da un giornalista di tribunale. Ci è stato detto che non c'erano piani effettivi per l'area, ma che la città ci avrebbe detto in seguito cosa avrebbe fatto. Gli avvocati hanno sprecato ogni riunione con dettagli noiosi e banali, dicendo che avremmo votato il progetto tra un mese o due. Si trattava solo di una formalità, hanno detto, e potevamo suggerire cose che avremmo voluto vedere nell'area del progetto, come panchine e rastrelliere per le biciclette. Il nostro voto e le nostre raccomandazioni andranno al Consiglio comunale, che adotterà l'ordinanza. Sembrava che avessero fretta che noi facessimo qualche raccomandazione sommaria e votassimo a favore del progetto.

Al secondo incontro ho chiesto i libri del progetto. Sono abituato a leggere i rapporti di impatto ambientale e i piani di progetto e mi è sembrato strano che la città non ci abbia fornito nulla. L'avvocato ha detto che non era necessario. Ho detto: "Ho guardato la legge e dice che spetta a noi votare a favore o contro il progetto in base ai suoi meriti". Abbiamo bisogno di questi libri progetto. L'avvocato si è arrabbiato. Non abbiamo copie per voi, ha detto. Se li si vuole, bisogna pagarli.

Io e Kay ne comprammo un set e furono i nostri libri da letto per i quattro anni successivi. Pieni di mappe, copie dei registri di applicazione del codice, analisi finanziarie, grafici del valore degli immobili e dati sugli affitti, questi libri contenevano le risposte alle mie domande. Quando ero bambino, mia madre mi regalò un libro intitolato *"Come mentire con le statistiche"*, affinché non mi lasciassi ingannare dalla manipolazione dei dati. È apparso subito chiaro che la società di ricerca ingaggiata dalla città per individuare il deterioramento conosceva bene queste tecniche.

Abbiamo iniziato guardando a ciò che dicevano delle nostre proprietà.

Possediamo un piccolo investimento immobiliare multiresidenziale nel più grande parco della città. I dati erano sbagliati. Il documento mostrava che sulla proprietà c'erano violazioni del codice in sospeso. Sapevamo, perché avevamo controllato con il dipartimento edilizio della città prima dell'acquisto, che non c'erano violazioni del codice in sospeso. Anni prima c'erano stati, ma la questione era stata risolta da tempo. Kay e io ci guardammo e capimmo che se le prime proprietà che avevamo controllato, a caso, avevano informazioni falsificate, c'era una buona probabilità che ci fosse una macchia e un problema con l'intero progetto. Continuando la nostra analisi, abbiamo scoperto che c'erano letteralmente centinaia di "errori", e quasi tutti erano a favore del progetto.

Ecco un esempio. Come ricorderete, il blight è una situazione di tale minaccia per la salute e la sicurezza, di tale depressione fisica ed economica, di tale diffusione e di tale importanza, che nessuno investirebbe denaro nell'area a meno che la città non conceda delle sovvenzioni. Un modo per dimostrarlo è dimostrare che l'area ha molti lotti liberi. L'idea è che se ci fossero investitori nella zona, comprerebbero il terreno e ci costruirebbero sopra. Così ci siamo presi qualche giorno e, con le mappe dei libri di progetto, siamo andati a vedere ogni "lotto libero".

Il primo è stato il parco giochi di una scuola. Poi abbiamo visto dei lotti con edifici vecchi di cinque anni, parcheggi di centri commerciali, un parco cittadino, altri cortili di scuole - avete capito bene. La maggior parte dei "lotti liberi" erano edificati o in uso. Il mio preferito era l'edificio per uffici a tre piani di fronte al Municipio. Era lì da sette anni e svolgeva una doppia funzione: oltre a essere nell'elenco dei lotti sfitti, era anche nell'elenco delle violazioni del codice edilizio.

A proposito di violazioni del codice edilizio come giustificazione per il degrado, abbiamo amici e colleghi che ci raccontano di essere stati vittime di multe eccessive e punitive per l'applicazione del codice (con pegno). Nel mondo dei progetti di stabilizzazione dei quartieri "colpevoli fino a prova contraria" e di rivitalizzazione di , le proprietà vengono prese di mira per giustificare la fatiscenza. Nel periodo che precede la dichiarazione di quartiere degradato, la città spesso intensifica l'applicazione del codice. Non è raro che una proprietà venga segnalata perché presumibilmente non ha il permesso per un garage, ad esempio, e che il proprietario venga perseguito con multe e sanzioni.

Quando il proprietario presenta il permesso, il dipartimento per l'applicazione del codice può affermare di averlo "perso", spiegando così la sua incompetenza o il suo abuso deliberato. Un'altra situazione comune è il contrassegno rosso di edifici legalmente non conformi che precedono il codice di zonizzazione. Spetta quindi al proprietario dimostrare l'età dell'edificio o pagare tasse e sanzioni, o addirittura essere costretto a demolire la struttura.

Nel frattempo, alle riunioni, le cose non andavano bene. Avevo avvertito gli avvocati e la commissione del fatto che c'erano gravi errori che mettevano a rischio le conclusioni sulla dilapidazione. Il presidente, uno spedizioniere che lavorava con la città, mi ha detto che "non era nostro compito stabilire se ci fosse o meno fatiscenza". Quando ho fatto notare che il comitato aveva il compito preciso di approvare la creazione dell'area di progetto o di respingerla, le cose hanno iniziato a scaldarsi. Francamente, non ero abituato a questo tipo di manipolazione. Il mio datore di lavoro, un'agenzia governativa, si fidava di me per determinare il valore della proprietà e le potenziali indennità di licenziamento senza pregiudizi. Quando ho testimoniato, ero sotto giuramento. Sentivo di lavorare per i cittadini dello Stato della California e la mia integrità come testimone esperto era fondamentale. Ora sono stato imbrogliato e la mia integrità è stata compromessa.

Avevo portato alle riunioni un po' di letteratura sulla riqualificazione e l'avevo distribuita, ma pochi membri della commissione sembravano interessati. Anche Kay, senza riconoscere che ci conoscevamo, scriveva commenti e li distribuiva al gruppo. Ho potuto constatare che nel comitato c'era un certo numero di "scagnozzi". Sembrava che fossero lì solo per votare a favore del progetto. Non si è mai discusso dei piani effettivi del progetto: era un mistero quale sarebbe stato il progetto di riqualificazione di Gateways, che si estendeva per oltre 1300 acri. Cosa avrebbero fatto con tutte quelle tasse sulla proprietà? Gli avvocati hanno improvvisamente detto che avremmo dovuto votare molto presto, anche se mancavano quattro mesi all'udienza pubblica del Consiglio comunale. Hanno cambiato le nostre riunioni mensili in riunioni settimanali. E hanno portato un facilitatore di riunioni professionale che si è subito concentrato su di me.

Mentre facevamo tutte queste ricerche, io passavo le notti a fare ricerche sulla riqualificazione fino alle prime ore del mattino.

Quello che ho trovato ha confermato i miei timori. La riqualificazione era un racket. La fonte di dati migliore e più informativa è stata *"Redevelopment-The Unknown Government"* di Chris Norby, allora Supervisore della Contea di Orange e ora Assessore dello Stato della California. L'opuscolo è disponibile online; inserite il titolo nel vostro motore di ricerca o andate alla pagina delle informazioni sulla fonte del nostro sito web. Questo breve libro di circa 40 pagine espone la brutta verità con grafici, disegni e dati concreti che dimostrano che la riqualificazione è un vampiro che non muore mai. Sostenuta da potenti gruppi di pressione che si avvalgono di intermediari obbligazionari, avvocati e consulenti sul debito, la tendenza a designare sempre più zone di riqualificazione è sostenuta anche dal personale delle agenzie governative e dalle aziende private che traggono profitto dalla riqualificazione. Il dirottamento delle tasse sulla proprietà a questi succhiasangue è un grande affare: nel 2006, le agenzie statali di riqualificazione avevano accumulato 81 miliardi di dollari di debito obbligazionario, una cifra che raddoppia ogni dieci anni. E non pensate che questo sia solo la California: sta accadendo in quasi tutte le città e le contee degli Stati Uniti. Poiché le agenzie possono vendere obbligazioni senza l'approvazione degli elettori (a differenza dei consigli scolastici) e il fondo generale della città è responsabile di eventuali sforamenti del debito, sono vacche da mungere per le società di intermediazione obbligazionaria.

In un articolo pubblicato sul giornale si leggeva che la contea si opponeva alla creazione di un progetto di riqualificazione così ampio da parte della città perché avrebbe sottratto alla contea mezzo miliardo di dollari nell'arco di quarantacinque anni. Leggendo questo articolo, mi è venuta un'idea. Volevo invitare il supervisore della contea alla nostra riunione e chiedergli di presentare il caso della contea. Dissi al presidente che avevo invitato il supervisore e lui rispose che avrebbe invitato alla riunione il capo dell'agenzia di riqualificazione della città come contromisura.

Kay e io concordammo che era giunto il momento di avvisare il pubblico di ciò che stava accadendo, e scrivemmo un volantino che distribuimmo a piedi a centinaia di aziende e abitazioni nell'area del progetto. È iniziata così:

*PARERE*

*QUESTA PROPRIETÀ È STATA DICHIARATA FATISCENTE DALLA CITTÀ DI SANTA ROSA.*

Il volantino definiva la situazione di degrado come definita dal codice della salute e della sicurezza, indicava i confini dell'area di riqualificazione proposta e diceva ai proprietari di casa e ai residenti che se volevano maggiori informazioni dovevano venire alla riunione del Comitato per il progetto di riqualificazione di Gateways. Avevo deliberatamente progettato questo documento in modo che avesse un aspetto ufficiale.

Potete immaginare la reazione. Le persone che avrebbero dovuto essere informate dalla loro città ne venivano a conoscenza per la prima volta grazie a questo opuscolo. Ci siamo imbattuti nel modo migliore per raggiungere un gran numero di persone con un invito all'azione. Opuscolo.

La città è stata assolutamente colta di sorpresa dal gran numero di persone che si sono affollate nella piccola sala riunioni assegnata al nostro comitato. Non ho mai riconosciuto di essere stato io a scrivere e distribuire il volantino, ma ovviamente loro lo sapevano. I proprietari di aziende e immobili erano furiosi per il fatto che le persone avessero una "visione" di ciò che sarebbe accaduto alle loro proprietà. Come osa la città identificare i "siti di opportunità" in cui si sono guadagnati da vivere? La protesta dei proprietari di immobili e degli appaltatori è stata tale che la città ha deciso di tenere un incontro pubblico nella sala del consiglio in concomitanza con la prossima riunione della Redevelopment Agency. Poiché l'incontro era alle due del pomeriggio, la città potrebbe aver pensato che non si sarebbe presentato nessuno.

Io e Kay ci siamo messi al lavoro. Abbiamo fatto centinaia di volantini, scritto una petizione per allontanare due quartieri dall'area del progetto e organizzato un incontro informativo in un ristorante locale. Abbiamo distribuito le petizioni in tutte le proprietà che possedevamo nel quartiere, e un attivista della zona adiacente ha fatto lo stesso . Abbiamo fatto firmare quasi il 100% dei nostri quartieri. Ho presentato le petizioni all'ufficio del direttore della città, assicurandomi che fossero ufficialmente datate, e ho ottenuto le copie dall'impiegato. Non volevamo correre alcun rischio.

I cinque membri nominati del consiglio di amministrazione della Redevelopment Agency erano totalmente impreparati all'enorme folla di persone arrabbiate che partecipava alla loro riunione, normalmente vuota. Non c'era un facilitatore e ho colto l'occasione per prendere il microfono e raccontare alla folla cosa stava succedendo. Stavano perdendo i loro diritti di proprietà a loro insaputa. Le piccole imprese rischiavano di essere escluse dalla zonizzazione o spostate, e questi burocrati arroganti e troppo zelanti avevano il coraggio di dire che questo era "il nostro piano". Il consiglio ha mentito alla folla, ma non ha funzionato ed è stata una vera e propria disfatta. Kay e io abbiamo notato, tuttavia, che non si trattava di una riunione "ufficiale" e che non sono state prese decisioni. È stata una mossa coraggiosa da parte della città lasciare che tutti si facessero da parte. Potevano semplicemente far finta di niente e portare avanti il loro piano come prima.

Durante le ricerche sul progetto, ho trovato una lettera ufficiale al direttore della città da parte del proprietario dei due grandi centri commerciali del centro città.

Simon Property Group è il più grande proprietario di centri commerciali al mondo, con un patrimonio di 42 miliardi di dollari. Di recente ha acquisito la metà del Coddingtown Mall, un centro più vecchio che ha subito un'importante ristrutturazione negli anni Novanta. Nella sua lettera, il Simon Group ha chiesto che Coddingtown sia inclusa nel progetto di riqualificazione di Gateways, sostenendo che avrebbe bisogno di un nuovo parcheggio. Poiché i parcheggi dei centri commerciali non generano alcun introito, Simon voleva che la città contribuisse. Di recente avevo calcolato i costi di costruzione di un parcheggio e sapevo che le richieste potevano ammontare a decine di milioni. Questa è stata una grande notizia. Abbiamo fatto degli annunci in merito e sono stato invitato in un programma radiofonico locale. Nel corso della trasmissione ho raccontato che il Gruppo Simon aveva una filiale specializzata nella riduzione delle imposte sugli immobili per i grandi proprietari terrieri, compresi loro stessi. C'era quindi la possibilità concreta che le nostre tasse di proprietà venissero utilizzate per finanziare un parcheggio privato mentre il proprietario riusciva a ridurre le proprie tasse di proprietà . Abbiamo poi messo la lettera sul nostro sito web di Santa Rosa e potete leggerla andando su Santa Rosa Neighborhood Coalition dot com, poi *More*, poi *Rosa Koire/Kay Tokerud - la* lettera è in un link chiamato *Simon Says Build Me A Parking Garage.*

Dopo la trasmissione radiofonica, la città è stata inondata di telefonate di cittadini indignati. Il giornale ha scritto un articolo che mirava chiaramente a limitare i danni e, ancora una volta, abbiamo avuto la conferma della nostra convinzione che il giornale fosse un portavoce della città. Ho tormentato l'editore fino a quando non ha pubblicato la mia lettera al direttore, in cui dicevo che i cittadini non volevano che le grandi imprese beneficiassero delle nostre tasse sugli immobili mentre le piccole imprese locali venivano cacciate dalla città e sottoposte alla minaccia di esproprio per dodici anni.

Per tutto questo tempo, a quanto pare, la città ha cercato un modo per tenermi fuori dalla commissione. Il moderatore ha avuto difficoltà a farmi tacere (sono sempre stato calmo, ragionevole e professionale - lo odiavano), ma ho insistito educatamente per ottenere risposta alle mie domande. Gli avvocati erano furiosi per il fatto che quello che avrebbe dovuto essere un caso facile si stava complicando, e il presidente, che sospettavo di aver cercato di ingannarmi per fargli violare la legge Brown, era frustrato. Quando ho ricevuto una telefonata dall'ufficio del procuratore della città che mi informava che stavano indagando su una segnalazione di violazione del Brown Act nei miei confronti, non mi sono sorpreso. La Legge Brown regola l'accesso alle riunioni di tutti gli enti pubblici e stabilisce che esse devono svolgersi in pubblico. È una violazione che più del cinquanta per cento di un gruppo si riunisca in privato. Sono stato accusato di aver inviato e-mail a più del 50% dei membri. Diverse volte, alcuni membri hanno cercato di intrappolarmi, ma non ci sono cascato. Sono stato autorizzato.

Si stava avvicinando il momento della votazione sul progetto e io avevo fatto tutto il possibile per fare pressione sui membri della commissione che non avevano un'opinione preconcetta. Era importante votare contro il progetto, anche se il consiglio lo avrebbe approvato comunque. Molti membri della commissione pensavano che se avessero respinto il progetto, le loro raccomandazioni sarebbero state ignorate. L'avvocato li ha ingannati, anche se ho cercato di zittirla.

Ha detto che "manderebbe un messaggio contraddittorio" al Consiglio e ha confuso la commissione. Stavamo ancora distribuendo volantini e avevamo preso contatto con i proprietari di attività commerciali del quartiere che volevano essere più attivi. Una di queste era Sonia Torre, proprietaria di un'officina per la riparazione degli smog che era oggetto di controlli da parte della polizia municipale. Un altro era Jim Bennett, proprietario di una bellissima concessionaria di auto usate BMW che aveva trasformato da un negozio fatiscente in uno splendido showroom dopo mesi di blocco da parte dell'urbanistica.

Pochi giorni prima del voto finale, sono stato contattato dall'ufficio del segretario comunale e mi è stato comunicato che le nostre petizioni erano state approvate e che 235 acri erano stati rimossi dall'area del progetto.

Una sezione commerciale del mio quartiere, lungo la strada principale, era ancora nel piano del progetto, poiché solo le aree residenziali erano state ritagliate secondo la mappa che avevamo disegnato e presentato con la nostra petizione. Ero sollevato ma diffidente. Erano affidabili? Ho ricevuto i documenti e tutto sembrava legittimo. Ma c'era un problema.

Sarei stato rimosso dal comitato e non avrei potuto votare. Io ero un rappresentante degli imprenditori e un altro imprenditore che si trovava ancora nell'area del progetto poteva prendere il mio posto. Si terrebbe un'elezione, ma gli unici "elettori" sarebbero i membri del comitato. Ho reclutato Sonia Torre e le ho detto di venire alla riunione, di candidarsi al seggio e di non dire che mi conosceva.

Il mio ultimo atto come membro del comitato è stato quello di votare per il mio sostituto.

Anche se, ancora una volta, avvocati, sviluppatori e broker locali si sono fatti avanti per il posto, ho fatto pressione sui miei colleghi della commissione e Sonia ha vinto.

Decisi che, poiché non avevano completato il processo di rimozione della mia area dal progetto, avrei mantenuto il mio seggio e avrei votato comunque, anche se era solo simbolico. Ora sapevo che mi avrebbero ingannato se avessero potuto. Sonia prese posto accanto a me e iniziò la votazione.

La città ha commesso un grosso errore l'ultimo giorno. Lo staff aveva riscritto i suggerimenti della commissione e alcuni di essi erano completamente opposti a quanto concordato. Hanno anche inviato un paio di giovani avvocati al posto del grande capo che aveva partecipato a tutte le riunioni per diffondere la propaganda. Forse pensavano che tutto fosse sotto controllo. Uno degli "esitanti" chiese al nuovo avvocato se fosse vero che tutte le nostre raccomandazioni sarebbero state ignorate e scartate se avessimo rifiutato il progetto. No, rispose, perché dovrebbero? Questa verità si è diffusa nel comitato come una brezza fredda. A ciascuno di loro vengono consegnati tre fogli di carta: uno rosso (No), uno verde (Sì) e uno bianco (Astenersi). La sala è in un silenzio di tomba, mentre i dieci membri, uno alla volta, alzano il loro voto. Kay, tra il pubblico, è il primo a capire il conteggio e balza in piedi urlando. Il risultato è di cinque no, quattro sì e un'astensione. Mentre l'astenuto è letteralmente scappato dalla stanza e il presidente ha chiesto una nuova votazione (con l'obiezione di Kay), Sonia e io ci siamo date il cinque: avevamo vinto!

Riflettendo sugli ultimi mesi, mi sono reso conto che lo shock più grande per me è stato quello di essere diventato un nemico del governo cittadino. All'inizio mi aspettavo di essere un collegamento tra la città e la commissione, un utile insider che avrebbe aiutato a spiegare i piani del progetto, i rapporti di impatto ambientale, l'analisi dell'uso del territorio e l'esproprio. Ora avevo il mio campanello d'allarme. La città si era comportata in modo disonesto e stava consapevolmente presentando al pubblico un progetto sviluppato sulla base di dati fraudolenti, forse sotto la sua direzione. Il personale della città mi aveva calunniato durante le riunioni, aveva cospirato per allontanarmi dalla commissione e aveva inviato ministri della disinformazione per cercare di screditarmi. Il fatto che un comitato di area di progetto abbia respinto un progetto di riqualificazione è stato incredibile. Ho pensato che avrebbe dovuto essere una storia nazionale, visto che era così rara. Ma la grande battaglia era davanti a noi e abbiamo iniziato a prepararci.

## LA PRESA DI POSSESSO DELLA CITTÀ

Sapevo che il Consiglio comunale era intenzionato ad approvare l'ordinanza all'udienza pubblica di inizio giugno 2006, ma avevo bisogno di sapere se c'era qualcosa che potevamo fare per fermarla. Io e Kay avevamo accettato di rimanere nella lotta perché ci vergognavamo di aver ritagliato la mappa per la nostra petizione e di aver lasciato la principale strada commerciale nel progetto. Pensavamo, e a ragione, che la città non avrebbe mai lasciato andare questa strada "di passaggio". Avevamo molti amici in quella strada e volevano che li aiutassimo. Abbiamo deciso che non importava che la nostra proprietà non facesse più parte del progetto: dovevamo fare la cosa giusta. Ho fatto ricerche sulla lotta contro lo sviluppo, che si era intensificata dopo la sentenza *Kelo*.

In tutto il Paese, gli Stati stavano approvando leggi che limitavano i poteri di esproprio e le iniziative si moltiplicavano. Anche se stavamo lavorando a una proposta per il voto in California, non ci avrebbe aiutato perché Gateways sarebbe passato prima. Sembrava che la nostra opzione migliore fosse quella di cercare di raccogliere un numero sufficiente di firme per indire un referendum sulla scheda elettorale locale dopo l'approvazione dell'ordinanza da parte della città. La legge prevedeva che avremmo avuto solo tre settimane per far firmare al dieci per cento degli elettori, ovvero circa 8.000 persone, la nostra petizione per portare l'iniziativa al voto. Ho chiamato uno studio legale di San Francisco e gli ho fatto preparare e stampare le petizioni, che dovevano essere perfette. Se il Segretario di Stato trovasse un errore nella formulazione dell'ordinanza, se non avessimo tutte le parole esattamente come le ha pubblicate la città, le nostre petizioni non sarebbero valide. Jim e Barbara Bennett, Sonia e Wolf Torre, Kay e io abbiamo raccolto i tremila dollari per lo studio legale, abbiamo accettato di dividere i libri della petizione e, con una dozzina di altri sostenitori, abbiamo raccolto le 8.000 firme in tre settimane. Sì, abbiamo avuto solo 21 giorni. Dovevamo aspettare l'approvazione dell'ordinanza per poter iniziare, ma intendevamo partecipare all'udienza pubblica e cercare di convincere il consiglio comunale a non procedere. Questa era la nostra flebile speranza. Abbiamo distribuito centinaia di newsletter in tutta l'area, spiegando perché tutti dovrebbero andare all'udienza e far sentire la propria voce.

È stata una lunga notte nella gremita sala del Consiglio il 6 giugno 2006. Il Consiglio ha ascoltato una lunga spiegazione da parte del personale comunale sulla necessità del progetto e sull'importanza di avere lo "strumento" dell'esproprio, anche se non lo useranno mai. Scrutai la stanza mentre il personale continuava a parlare e cercai di identificare la folla. Io e Kay avevamo appena comprato casa e ci eravamo trasferiti a Santa Rosa e non conoscevamo ancora molti attori. Ho visto membri della Camera di Commercio, associazioni di quartiere, importanti promotori immobiliari, rappresentanti del comitato per la zonizzazione del progetto e addetti ai lavori della città presenti per parlare a favore dell'opposizione. Da parte nostra, ho visto molti piccoli imprenditori e cittadini preoccupati che si sono resi conto dei mali della riqualificazione. La stanza era tesa.

Avevamo presentato lunghe e dettagliate lettere di obiezione al progetto e ci eravamo assicurati di ricevere copie datate. Sapevamo che tutte le nostre obiezioni dovevano essere depositate prima del voto, altrimenti non avremmo potuto inserirle nel verbale amministrativo in un secondo momento - non avrebbero fatto parte del processo. Avevo trovato uno studio legale di San Jose che aveva fatto causa per fermare un progetto di riqualificazione in quella città e aveva vinto. Ho letto tutto sul loro sito web e li ho contattati per un consiglio. Non ho mai pensato che avremmo fatto causa, ma ho pensato che avremmo dovuto evitare qualsiasi errore che avrebbe potuto compromettere le nostre possibilità. Così, quando il segretario comunale ha annunciato i nomi di coloro che avevano presentato le lettere e non abbiamo sentito i nostri nomi, Kay si è alzata e ha detto di aver presentato un'obiezione di venti pagine: dov'era? L'impiegato uscì dalla stanza e tornò poco dopo con le nostre lettere. In seguito abbiamo appreso che avevano "perso" tutte le altre pagine nel tentativo di non farle uscire dalla documentazione amministrativa. Sono passate ore mentre ognuno di noi si prendeva i suoi tre minuti per i commenti del pubblico e si esprimeva sul progetto.

L'opposizione, sostenuta dai commenti del Consiglio, continuava a dire che eravamo "spaventati" e che stavamo ostacolando il progresso. Non è stata una sorpresa quando il Consiglio ha approvato l'ordinanza all'unanimità alla fine della serata.

Il giorno successivo mi recai dal segretario comunale per ottenere l'ordinanza. Mi disse che non era ancora pronto e che avremmo dovuto prenderlo dal giornale quando sarebbe stato pubblicato. Ero nervoso perché avevamo poco tempo per raccogliere così tante firme: 380 al giorno per 21 giorni. Ho chiesto allo studio legale di ottenere , e ho fatto bene a farlo, perché il Comune ha pubblicato un'ordinanza falsa sul giornale. Lo ripeto. La città di Santa Rosa ha pubblicato un'ordinanza falsa sul giornale per invalidare le nostre petizioni di firme per il referendum. Il direttore, il procuratore e l'impiegato del Comune sapevano cosa stavano facendo quando hanno cercato di fermarci. Lo studio legale di SF era esperto e aveva già visto questa situazione (ci credete?), quindi è riuscito a costringere la città a consegnare loro la vera ordinanza. Abbiamo raccolto le nostre petizioni e siamo scesi in strada.

Siamo rimasti in piedi sotto il sole cocente per tutta la città e non siamo riusciti a raccogliere più di qualche centinaio di firme. È stato patetico e frustrante vedere quanto la gente fosse ignorante riguardo alla riqualificazione e al progetto Gateways. Dopo un giorno è stato chiaro che se non avessimo usato dei raccoglitori di firme a pagamento non avremmo mai ottenuto 8.000 firme. Ho provato a cercare dei raccoglitori di firme professionisti, ma si facevano pagare un dollaro a firma e siamo riusciti a trovare solo una persona che lo facesse. Ho chiamato Sonoma County Conservation Action, un gruppo politico ambientalista liberale che spesso distribuisce petizioni, ma non hanno risposto alle nostre chiamate. Più tardi, ripensandoci, mi verrà da ridere, perché, come in molti dei miei primi tentativi di trovare alleati, non avevo idea di chiedere aiuto ai miei nemici. Sono stato intervistato dal giornale dicendo che eravamo sicuri di ottenere le firme, ma era un bluff. Il Consiglio stava valutando la possibilità di eliminare il potere di esproprio delle proprietà residenziali occupate dai proprietari nell'area per dividere il nostro sostegno. Speravo che lo facessero, e lo hanno fatto, più tardi. Ma poi? Solo proprietari-occupanti?

Un cattivo compromesso che escludeva tutti gli affittuari, le case e gli appartamenti non occupati dai proprietari e le proprietà commerciali dalla protezione contro l'esproprio.

Abbiamo organizzato incontri informativi per i proprietari terrieri e i negozianti dell'area del progetto e abbiamo creato l'Associazione dei negozianti di Santa Rosa Avenue. Mentre andavamo di porta in porta nella via principale dello shopping, siamo stati seguiti dal personale comunale che ha detto ai proprietari di attività e immobili che non c'era da preoccuparsi.

Il nostro primo incontro è stato invaso dal capo dell'agenzia di riqualificazione della città e dal presidente del comitato dell'area di progetto . Hanno sfacciatamente requisito il nostro incontro, che si è tenuto nella concessionaria BMW di Jim, e hanno cercato di screditarmi, mentendo che i piccoli imprenditori non avevano nulla di cui preoccuparsi. Avevano anche piazzato alcuni loro compatrioti nella nostra riunione che mi stavano prendendo in giro. Non potevo cacciarli perché non ritenevo che il pubblico mi conoscesse abbastanza bene da sapere che era stato ingannato dai nostri rompiscatole.

Abbiamo concluso la riunione e Kay ha detto loro di uscire e di non tornare.

Ora, con l'avvicinarsi della scadenza e con migliaia di firme ancora mancanti, ho chiamato di nuovo lo studio legale Brooks and Hess di San Jose. Cosa serve per intentare una causa? Virginia Hess mi disse che avevamo un caso basato su risultati fraudolenti di blight e che se fossimo riusciti a raccogliere 50.000 dollari entro una settimana, avremmo potuto intentare una causa. L'ultimo caso di riqualificazione era costato 400.000 dollari di spese legali, ma avevano vinto. Abbiamo deciso di incaricare Brooks e Hess di creare un'organizzazione 501 (c) (4) senza scopo di lucro, in modo che le donazioni fossero deducibili dai nostri donatori come spese aziendali. Anche se la situazione sembrava senza speranza e io ero esausto, ci siamo preparati per la grande spinta. Dovevo raccogliere 50.000 dollari in una notte.

Quando abbiamo iniziato il processo referendario, ho inviato comunicati stampa a più di cento media: radio, televisione e stampa. Avevo cercato di interessare studi legali di interesse pubblico al nostro potenziale caso, ma non avevo ricevuto alcuna risposta. A parte qualche articolo sul giornale locale e alcune interviste alla radio, non avevamo ottenuto molta stampa. Ora che dovevamo presentare questo reclamo, dovevamo far entrare le persone nella stanza. Abbiamo preso il toro per le corna e abbiamo comprato un annuncio di mezza pagina per mille dollari sul North Bay Bohemian, il giornale settimanale di arte, intrattenimento e alternative. Il nostro annuncio riportava una bella grafica tratta da *Redevelopment-The Unknown Government* di Chris Norby e annunciava la nostra riunione. In fondo all'annuncio avevo scritto: *Ci riserviamo il diritto di rifiutare l'ingresso.* Questo ha suscitato l'interesse di un popolare conduttore radiofonico del mattino, che mi ha invitato a discutere della lotta.

L'esproprio era ancora un tema caldo dopo *Kelo e si* stava preparando una proposta a livello statale. Sono stato felice di avere l'opportunità di pubblicizzare il nostro incontro alla radio, sperando che sia utile.

Qualche sera dopo, Kay, Sonia, Jim, Barb e io incrociammo le dita mentre le sedie dell'immacolato showroom di Jim cominciavano a riempirsi. Ho notato alcune "spie", tra cui un avvocato che aveva cercato di entrare nella commissione ma non aveva ottenuto abbastanza voti. Mentre la gente si sistemava e io iniziavo l'incontro, li ho indicati alla folla e ho ricevuto una dose di fiducia quando qualcuno ha gridato: "Vuoi che li buttiamo fuori, Rosa?". Ho risposto che potevano restare, ma che se avessero cercato di disturbare la riunione avrebbero dovuto andarsene. Dopo aver brevemente esaminato i confini del progetto, l'esproprio, la riqualificazione e la storia dei problemi, ho lanciato un appello per ottenere denaro. A questo punto ho detto che non avevamo altra scelta che fare causa. Avevamo provato tutto il resto. Se volevamo evitare che la città avesse il potere di scegliere chi sarebbe rimasto e chi sarebbe andato per i prossimi dodici anni, dovevano firmare gli assegni ora. Ho chiarito che eravamo volontari, che non prendevamo soldi per noi e che in realtà avevamo già speso migliaia di dollari. Gli imprenditori temevano che la città si sarebbe ritorta contro di loro per aver finanziato la causa, e io ho assicurato loro che i loro contributi e la loro partecipazione sarebbero stati riservati. Non condivideremo mai i nomi dei nostri collaboratori con nessuno. Abbiamo fatto un po' di domande e risposte e poi uno degli uomini più anziani si è alzato e ha detto: "Ci sto! Ecco un assegno di 2.000 dollari!". Un minuto dopo, sembrava di essere in una casa d'aste! "Ce ne sono mille qui! Ci sto per cinquecento! Posso arrivare a tremila! Non sapevo se ridere o piangere: avevamo raggiunto il nostro obiettivo e dovevamo proseguire.

## SUL DOVERE DELLA DISOBBEDIENZA CIVILE

Vorrei fermarmi qui e fare un editoriale per un minuto. Anche se non sono caduto dal camion delle rape, come si suol dire, sono rimasto scoraggiato dal modo in cui la città si è comportata. È stata una battaglia, è vero, ma dovevano proprio giocare così male? Mi sono reso conto che se non avessero giocato sporco, non avrebbero avuto un progetto e a quanto pare ritenevano che il fine giustificasse i mezzi. Una filosofia che avrei incontrato più volte nei miei studi sull'Agenda 21 dell'ONU e sullo sviluppo sostenibile.

Se il fine può essere descritto in un bello scenario, una "visione", allora qualsiasi cosa sia necessaria per arrivarci è accettabile. "Per il bene comune" è il grido d'allarme del comunitarismo. Questo "bene superiore" può essere definito in qualsiasi modo che faccia comodo a chi è al potere, e la definizione può cambiare in qualsiasi momento.

Uno dei miei eroi è sempre stato Henry David Thoreau. Thoreau è noto soprattutto per la sua meditazione sulla fiducia in se stessi, intitolata *"Sullo stagno di Walden"*, ma la mia opera preferita è *"Sul dovere della disobbedienza civile"*.

Questo breve saggio viene spesso pubblicato in una raccolta insieme a Walden e viene solitamente chiamato *"Disobbedienza civile"*. Non so perché il titolo venga abbreviato in questo modo dagli editori, ma vorrei che non lo fosse, perché il suo messaggio è che c'è il dovere civico di disobbedire quando si sa che qualcosa è sbagliato. UN DOVERE. Francamente, è incredibile che questa opera venga ancora studiata nelle scuole, almeno lo spero.

La bellezza e la chiarezza di *On the Duty of Civil Disobedience* risiedono nell'insistenza di Thoreau nel dichiarare il suo diritto, e il nostro, all'indipendenza. Non solo nel corpo, ma anche nel pensiero. In azione. Nella convinzione. La dichiarazione individuale di indipendenza. Il riconoscimento della responsabilità personale di mettere in pratica il dovere civico. Il dovere civico di disobbedire quando le azioni del proprio governo sono riconosciute come sbagliate. Il riconoscimento dell'esistenza di un chiaro standard morale e dell'importanza di aderirvi. Questa è la mia guida.

Qualcuno potrebbe leggere questo e pensare che io stesso sia "immorale" perché sono gay. Abbiamo una grande tradizione di pensiero in America. Una tradizione che non è appesantita da secoli di adesione a re o chiese, papi o dogmi. Perché le questioni dei diritti e dei matrimoni gay hanno confuso e diviso il Paese? È meglio pensare a noi stessi come a un popolo morale in base alle nostre azioni individuali. Dobbiamo esaminare il nostro desiderio di far parte di un gruppo. Mi riferisco alla necessità di far parte del gregge, di non alzare la voce perché il nostro vicino potrebbe sentire, di non lanciare pietre perché la folla è intorno a noi. Per evitare di porsi domande difficili, come: perché ho tollerato restrizioni alle libertà individuali a causa di una minaccia esterna percepita? Perché ho accettato che i diritti individuali vengano limitati per il "bene" generale della nazione? Perché ho così tanta paura di non piacere che mi allontano quando qualcuno viene attaccato per aver detto la verità? Perché dovrei cercare di imporre il mio credo religioso agli altri? Perché sono disposto ad accettare la corruzione del governo se la vedo nel mio stesso partito politico? O nel mio luogo di culto? O nel mio movimento sociale? La citazione più famosa di Thoreau, secondo cui "un uomo deve seguire il ritmo del proprio tamburo, per quanto misurato o distante", fa parte di una tradizione profondamente americana. Una tradizione di cui siamo orgogliosi per un motivo. Ci vuole coraggio e noi lo onoriamo.

Il comunitarismo può essere molto sottile e difficile da vedere, anche nel proprio comportamento. Funziona in tandem con la pressione sociale. È nostro dovere, come nazione, essere vigili.

## LA ZONA DEL CREPUSCOLO

Con la causa intentata e il nostro maggiore impegno nell'aiutare gli avvocati, ci siamo sentiti in difficoltà. Il giornale aveva scritto diversi articoli sulla causa, la maggior parte dei quali mi citava in modo errato, e in uno di essi il direttore della città affermava che avevo "un'opposizione fondamentale al governo". L'ho trovato molto divertente, visto che stavo festeggiando il mio 23° anno di lavoro come dipendente pubblico.

In risposta alla decisione della Corte Suprema su *Kelo* del 2005, è stata presentata una proposta di voto, la Prop. 90, che mira a conficcare un paletto nel cuore della riqualificazione e delle appropriazioni normative. Ho fatto parte del comitato consultivo per lo sviluppo della proposta e ho partecipato alla trasmissione televisiva locale per coprire la serata elettorale del novembre 2006 sulla questione della riqualificazione. Purtroppo, la proposta è stata respinta con un margine inferiore al 5%.

Ci stavamo godendo la nostra casa del 1880 in un bel quartiere storico fuori dall'area di riqualificazione e non vedevamo l'ora di fare nuove amicizie e di vivere esperienze divertenti. Kay ha letto la newsletter del quartiere e ha visto che la riunione annuale dell'Associazione di quartiere del Junior College si terrà nel febbraio 2007. La JCNA è la più grande associazione di quartiere della città. Il giorno dell'incontro, io stavo lavorando e Kay è andata con alcuni vicini. Poche ore dopo, tornò a casa e mi disse che era stata eletta presidente di quartiere.

L'ex presidente, Jenny Bard, non ha continuato, e nessuno ha voluto il posto. Kay ha tenuto un breve discorso sul suo desiderio di ottenere lo status di quartiere storico e sulla sua volontà di fare il duro lavoro per rappresentarlo. Non ha parlato della nostra lotta per la riqualificazione perché il quartiere non fa parte della zona Gateways e ha avuto solo pochi minuti per presentarsi. Ci siamo sentiti felici di essere coinvolti in un legame più pacifico con la nostra città. Sbagliato!

Qualche giorno dopo, il nostro vicino di casa, quello che aveva candidato Kay alla presidenza, è venuto a dirci che era stato avvicinato da Jenny Bard e da alcuni "leader" di altri quartieri - persone dell'area del progetto di riqualificazione - e che aveva ricevuto pressioni per ritirare la sua candidatura a presidente da Kay. Ha detto che lo avrebbe fatto, se avessero potuto dimostrare che le elezioni non erano valide. I cosiddetti leader erano accompagnati da uno studente di legge che ha affermato che Kay non era stato eletto legalmente secondo le regole di Robert. Parlerò brevemente di tutto questo, soprattutto perché credo che sarete scioccati, come lo sono stato io, da quanto siano diventati feroci, deliberati e implacabili gli attacchi contro di noi. Quello che non sapevamo è che l'ex presidente, Jenny Bard, era il vice direttore delle comunicazioni e dell'advocacy della California Lung Association (un'organizzazione non governativa ufficiale delle Nazioni Unite). Era una lobbista pagata per la Crescita Intelligente - e nessuno lo sapeva. Prima di trasferirci a Santa Rosa, aveva ingaggiato Dan Burden, un noto sostenitore della crescita intelligente, per venire nel quartiere e tenere un seminario sulla riqualificazione di Mendocino Avenue, la strada principale del nostro quartiere. È la principale alternativa all'autostrada ed è a quattro corsie. Jenny e Dan, tuttavia, pensavano che sarebbe stato molto meglio con due sole corsie e una grande fioriera sulla mediana: un'azione di traffic calming! Quattro ruote sono un male, due ruote sono un bene.

Beh, a quanto pare Jenny è andata nel panico quando Kay è stata eletta e, nel giro di poche settimane, ha radunato rapidamente dodici (12) persone per far parte del consiglio di quartiere - hanno tenuto questa "elezione" quando eravamo fuori città per la laurea di mia nipote. Un amico ha registrato l'incontro per noi ed è stato spaventoso. I partecipanti erano per lo più membri della coalizione ciclistica, non c'era modo di capire se fossero effettivamente residenti locali tra il pubblico per votare, e le urla e le grida erano incredibili. Ogni vicino che si opponeva alla "elezione" di dodici ufficiali in 18 minuti veniva respinto. Non conoscevamo nessuno dei dodici nuovi membri del Consiglio di amministrazione (tranne Jenny, che non conoscevamo affatto).

La loro prima mossa è stata quella di dichiarare non valida la presidenza di Kay in base alle Regole d'Ordine di Robert. Non so voi, ma noi non avevamo mai letto le Regole di Robert. Abbiamo comprato una copia e abbiamo iniziato a leggere.

Avevo sentito dire che uno dei giovani democratici del quartiere era un parlamentare junior e si definiva un parlamentare del Comitato centrale democratico della contea di Sonoma - faceva anche parte della commissione urbanistica della città. L'ho chiamato per chiedere la sua opinione. Ho avuto un altro shock quando, dopo tre minuti di conversazione, ho capito che mi stava dicendo che Kay non era stato eletto legalmente perché non potevamo dimostrare di aver pagato la nostra quota associativa di 10 dollari (io l'avevo pagata in contanti). Ho quindi contattato il parlamentare di Stato (non sapevo che ce ne fosse uno finché non l'ho trovato su Internet) e gli ho inviato una lettera molto concreta con i dettagli dell'elezione. Ci siamo sentiti sollevati quando ci ha rimandato una lettera ufficiale che diceva che Kay era stato eletto legalmente.

Ci siamo trovati in un'altra battaglia e non ce lo aspettavamo. Non so se riesco a trasmettervi il profondo senso di delusione che abbiamo provato e la convinzione di essere in qualche modo caduti nella *Twilight Zone*.

Tutto questo sembrava essere legato alla nostra lotta contro la riqualificazione.

I dodici membri del consiglio di amministrazione erano assetati di sangue, arrabbiati perché non potevano semplicemente votarla fuori dall'isola. Si sono incontrati in segreto, hanno impedito a Kay di postare sul sito web del quartiere (e poi hanno cancellato il sito), ci hanno inviato e-mail crudeli e hanno chiesto un processo. Hanno detto che era un "personaggio sgradevole". Bisogna conoscere Kay, come molti, per capire quanto sia ridicolo definirla un "personaggio sgradevole". È calma, seria, gentile e corretta. Non è una persona testarda ed è in grado di ascoltare tutti i punti di vista. È piuttosto piacevole, tranne quando la giustizia viene violata, nel qual caso parla con fermezza e non si tira indietro. Cosa aveva fatto per meritarsi questa etichetta? Si era candidata a rappresentare il quartiere presso l'Alleanza di quartiere.

L'Alleanza di quartiere è qualcosa che potreste vedere anche nella vostra città, se cercate, anche se potrebbe avere un nome diverso. È una confederazione di tutte le associazioni di quartiere della città. Questo blocco di "leader di quartiere" è molto probabilmente favorevole allo sviluppo, alla crescita intelligente e all'Agenda 21, anche se non la chiama così. Poiché "rappresenta tutti i leader di quartiere", per estensione rappresenta tutti i residenti - e parla per voi.

Nella nostra città è stato avviato da Jim Wilkinson, un ex diplomatico di carriera assegnato alle Nazioni Unite da Gerald Ford. Wilkinson si è trasferito nella nostra città dopo essere "andato in pensione", ma è stato presidente del capitolo di Sonoma County dell'Associazione delle Nazioni Unite degli Stati Uniti, una sorta di club musicale per gli *appassionati dell'*ONU. Esistono capitoli in tutti gli Stati Uniti. L'associazione sponsorizza anche studenti delle scuole medie, superiori e universitari in finti vertici delle Nazioni Unite, dove gli studenti imparano a conoscere l'Agenda 21 delle Nazioni Unite. Ha poi scritto lettere ai direttori di diversi giornali per attaccarci e ha rilasciato un'intervista al Santa Rosa Press Democrat in un articolo intitolato: *Koire The Face of Shadowy SR Coalition*. L'altra fondatrice della Neighborhood Alliance è Jenny Bard, sostenitrice della crescita intelligente dell'Associazione Polmonare.

Così Kay ha compiuto lo spiacevole passo di chiedere all'ex presidente Jenny Bard dove si tenevano le riunioni, dicendo che voleva rappresentare il nostro quartiere in quanto era chiaramente una "leader di quartiere" e questo gruppo doveva essere composto da persone di questo tipo. Jenny Bard si rifiutò di dirglielo e disse che voleva continuare a rappresentare il quartiere. John Sutter era il presidente della NA all'epoca. L'ho chiamato per chiedergli dove si tenessero le riunioni e inizialmente si è rifiutato di dirmelo, dicendo che le riunioni erano private. Dopo aver parlato con lui per un po', ha dichiarato con orgoglio che la NA era "il consiglio comunale ombra" e ci ha finalmente dato l'indirizzo. Si sono incontrati in una stanza sul retro degli uffici di Keller-Williams Realty a Stony Point Road.

Io e Kay, insieme a Sonia Torre (della nostra associazione professionale), ci siamo recati alla riunione e siamo stati accolti con freddezza in una stanza con una decina di persone, tra cui Bard e Wilkinson, che erano lì per "rappresentare" il loro quartiere. Uno dei "leader" era Fred Krueger. Ho fatto delle ricerche su di lui e ho scoperto che è il direttore di un culto religioso degli alberi, la Campagna religiosa per la conservazione delle foreste (RCFC), che si batte per la fine del disboscamento commerciale. È una ONG che fornisce consulenza alle Nazioni Unite.

I "capi" hanno deciso che potevamo essere presenti per i primi due punti all'ordine del giorno, ma che dovevamo andarcene. Ho notato che all'ordine del giorno c'era qualcosa sui candidati al consiglio comunale, ed è stato strappato via. Poi il mio partner è stato sistematicamente attaccato da ogni persona per tutto il tempo che ha voluto parlare. Kay protestò che si trattava di una specie di processo, di un tribunale canguro, ma la cosa continuò. A Kay, Sonia e a me è stato dato un minuto ciascuno per rispondere, e il presidente John Sutter, un imprenditore edile "Human Settlements" (termine dell'Agenda 21 dell'ONU) secondo il suo sito web, si è tolto l'orologio e l'ha messo davanti a sé sul tavolo per assicurarsi di non darci più di un minuto. Abbiamo parlato con calma e chiarezza delle nostre preoccupazioni, quelle di Kay come leader di quartiere, quelle di Sonia come leader d'impresa e le mie come americana. Dopo aver parlato, ci è stato detto di andarcene, siamo stati scortati fuori e la porta è stata chiusa a chiave.

Questo gruppo non era aperto al pubblico e non era aperto a tutti i leader del quartiere. È stata una farsa e un vergognoso imbarazzo per tutti coloro che vi hanno partecipato. Mi ha stupito che un gruppo che pretende di rappresentare tutti i quartieri di Santa Rosa possa funzionare in questo modo nel nostro Paese.

Usando queste poche persone per rappresentare l'intera città, il governo locale può dire di avere il sostegno della comunità quando vuole approvare un piano regolatore o una nuova politica che non è popolare. Facendo parlare questi cosiddetti leader scelti a tavolino, la città può manipolare l'opinione pubblica ed escludere i veri cittadini che si oppongono. Il martedì successivo Kay si è presentato al Consiglio comunale e ha informato la città, davanti alle telecamere, che in città esiste un gruppo chiamato "Consiglio comunale ombra". Questo avrebbe dovuto essere pubblicato sul giornale.

Subito dopo, il consiglio ha convocato una riunione di quartiere per definire Kay un "personaggio sgradevole" e "indagare" su di lei. Non scherziamo. Kay e io andammo alla Odd Fellows Hall di buon'ora e riorganizzammo le sedie in modo da avere un lungo tavolo per il consiglio e posti a sedere per il pubblico di fronte. Abbiamo portato una bandiera americana da un'altra stanza. Quando Kay, il presidente, ha chiamato all'ordine la riunione, ha annunciato che tutti noi avremmo giurato fedeltà. Il consiglio era ovviamente infastidito e arrabbiato, ma con riluttanza si alzò in piedi mentre Kay guidava la promessa. Voleva ricordare loro che in America siamo per la verità e la giustizia per tutti. Tra il pubblico c'erano solo una dozzina di "vicini", oltre a un editorialista del Santa Rosa Press Democrat che la settimana precedente aveva scritto un articolo diffamatorio su Kay. Il consiglio si è messo subito al lavoro e ha voluto votare per indagare su di lei senza che Kay o altri avessero la possibilità di parlare. Mi sono alzato in piedi e ho detto che l'azione del Consiglio era spudorata e oltraggiosa. L'ho ripetuto mentre l'intero consiglio mi urlava di sedermi e stare zitto. Guardando i loro volti rossi e le loro bocche aperte, il suono delle loro urla era come un abbaiare di cani. È stato un momento surreale che non dimenticherò mai. Ho voltato le spalle e ho detto loro che potevano chiamare la polizia se volevano, ma che non mi sarei seduto e non sarei stato zitto. È stato un oltraggio. Non avevo mai visto nulla di simile in vita mia. I pochi vicini in platea sono rimasti paralizzati e silenziosi, con mio grande disappunto.

Kay ha mantenuto la calma e ha gestito la riunione. Pochi minuti dopo, il consiglio ha votato 12-1 per indagare su Kay, il cui voto è stato l'unico in disaccordo.

L'idea di un'indagine era folle. È stata una pura molestia.

Non c'era assolutamente nulla da "indagare". L'editorialista del *Press Democrat ha* scritto un altro articolo e mi ha indicato come colui che ha disturbato la riunione con le mie grida di "spudoratezza". Più tardi, quando ho letto *Vita e morte a Shanghai* di Nien Cheng, ho capito che eravamo stati vittime di "incontri di lotta" come quelli usati nella Cina comunista degli anni '60 per disgregare la società.

In seguito, mi sono informato seriamente su chi fossero questi membri del consiglio di amministrazione. Si trattava di compari, sicofanti, persone che avevano tutto da guadagnare dalla riqualificazione, o membri del consiglio di amministrazione di gruppi ambientalisti. Due di loro sembravano mentalmente instabili; uno di loro ci ha inviato un'email feroce dicendo che "potevamo continuare a vivere nel quartiere", ma che non ci sarebbe stato permesso di partecipare alla leadership. Credo che fosse persino troppo pazzo per il consiglio di amministrazione: è stato eliminato pochi mesi dopo. Ho disegnato grafici e vi ho inserito organizzazioni, persone, gruppi, organizzazioni non profit, funzionari e ideologie, con linee che collegavano gli elementi. La cosa strana è che la riqualificazione di sembrava essere al centro di tutto. Mi chiesi se fossi solo ossessionato o se fossimo entrati inavvertitamente nel cuore di una fossa di serpenti.

Il membro chiave del consiglio di amministrazione coinvolto è stato Gary Wysocky, ex presidente della Sonoma County Bicycle Coalition. La coalizione di ciclisti è stata molto aggressiva nel sostenere il progetto di riqualificazione di Gateways. Wysocky aveva partecipato a un "addestramento" della Thunderhead Alliance, dove era rimasto così impressionato che la sua citazione è stata utilizzata nella loro letteratura. Lo è ancora - ecco la sua citazione:

> *"Un kit pratico per influenzare le politiche pubbliche. Ho imparato metodi e tattiche che uso regolarmente. La politica del Consiglio prevede che almeno un membro all'anno partecipi alla formazione Thunderhead". - Gary Wysocky, Presidente della Coalizione ciclistica della Contea di Sonoma*

> *Molti gruppi nazionali di difesa dell'ambiente e dei trasporti sponsorizzano corsi di formazione per candidati e leader. Questo è uno dei motivi per cui troverete lo stesso gergo e gli stessi ragionamenti utilizzati in tutto il Paese. Sono stati addestrati. Questo atteggiamento di superiorità è incoraggiato nelle persone deboli. Si dice loro che sono migliori degli altri perché vivono con meno. Viene detto loro che la "creazione di ricchezza" è negativa perché crea una società "squilibrata" (iniquità sociale) e che è meglio lavorare per un'organizzazione non profit guadagnando salari bassi. Ehi, questa è la nuova povertà: è alla moda, è cool, è la nuova onda del futuro. Andare in bicicletta dimostra che si sta ridefinendo il progresso (non me lo sto inventando).*

Chiunque si opponga a ciò che viene definito "equità sociale" viene definito un "hater". Ricordate che il bullismo diventa un reato. Quindi è solo un passo dall'essere etichettato come "hater" e "hate speech" all'essere identificato come un crimine comunitario. Esiste un termine chiamato "flipping". È quando si viene accusati di fare o dire ciò che in realtà viene fatto o detto a voi. Questa tattica è stata usata contro di noi. Sì, fa parte del kit di strumenti per influenzare le politiche pubbliche.

## Metodi e tattiche

Cosa gli hanno insegnato? Thunderhead Alliance/People Powered Movement afferma che è "l'unica serie di formazione professionale sulle campagne per i leader delle organizzazioni di difesa della bicicletta e dei pedoni". imparate come promuovere le "strade complete", come raccogliere fondi e, il mio preferito, come "mappare la struttura di potere nella vostra comunità, sostenere e sfruttare gli alleati e neutralizzare e convertire i nemici! Sapendo questo, e sapendo anche che Enterprise Community Development (l'enorme società di sviluppo intelligente a basso reddito sovvenzionata dal governo nazionale) faceva parte del consiglio di amministrazione di Thunderhead Alliance, mi sono sentito raggelato. Le coalizioni ciclistiche sono le truppe d'assalto per la riqualificazione, che sostengono la crescita intelligente e le strade complete.

Ecco il volantino di Thunderhead per la formazione 2007:

Formazione Thunderhead Campagne vincenti Washington, D.C. - 5-7 ottobre 2007 PIÙ formazione sulle lobby l'8 ottobre e visite alla collina il 9 ottobre

*L'unica serie di formazione professionale per i leader delle organizzazioni ciclistiche e pedonali.*

*Unitevi ai vostri colleghi sostenitori dei ciclisti e dei pedoni per imparare da coach esperti e supportarvi a vicenda attraverso il collaudato programma di Thunderhead che prevede la scelta, la conduzione e la vittoria di campagne per la promozione di strade complete, dove gli spostamenti a piedi e in bicicletta sono sicuri e comuni.*

*Dopo tre giorni di lavoro divertente e stimolante con i principali esperti di advocacy del paese, partirete con gli strumenti e la fiducia necessari per diventare un leader nella vostra comunità, un leader che sa non solo come sostenere i miglioramenti, ma anche come ottenerli!*

*Imparerete a: scegliere l'argomento giusto; fissare obiettivi realistici ma visionari, scegliere le strategie e le tattiche migliori e rispettare le scadenze; stabilire la struttura di potere nella vostra comunità, sostenere e sfruttare gli alleati, neutralizzare e convertire i nemici; comunicare in modo efficace, raggiungere il pubblico giusto con il messaggio giusto attraverso i media giusti... e raccogliere fondi, per rafforzare la vostra organizzazione per la prossima grande vittoria!*

*Alla fine, avrete un piano di campagna dettagliato che garantirà il successo della campagna e preparerà la vostra organizzazione a grandi vittorie in futuro.*

*L'iscrizione costa solo 250 dollari e comprende il ricevimento del venerdì, la colazione, il pranzo, il giro in bicicletta e la festa del sabato e la colazione e il pranzo della domenica. Sono inclusi l'addestramento nella lobby il lunedì e le gite sul campo il martedì. 100 solo per la formazione sul lobbismo e le visite alla collina.*

*Sono previsti sconti per ulteriori rappresentanti della stessa organizzazione.*

*Registratevi oggi stesso su www.thunderheadalliance.org*

**"Un kit pratico per influenzare le politiche pubbliche.**
*Ho imparato metodi e tattiche che ho utilizzato regolarmente. La politica del consiglio è ora quella di far partecipare almeno un membro del consiglio a un corso di formazione*

*Thunderhead ogni anno" - Gay Wysocky, presidente della Sonoma Country Bike Coalition.*

*"Anche se ho un master in Pubblica Amministrazione e molti anni di esperienza, la **formazione è stata completamente nuova per** me, e ne è valsa la pena per il tempo, il viaggio e il **costo!** " - Emily Drennen. Direttore esecutivo ad interim di Walk San Francisco*

*"La particolarità della formazione di Thunderhead è che è personalizzata; tutto era applicabile al nostro gruppo di difesa della bicicletta. È una **delle cose migliori che abbia fatto come direttore generale della mia organizzazione.** Vi darà energia e vi riporterà a casa rinvigoriti e pronti a fare le cose con una nuova prospettiva" - Adam Fukushima, Exec. Direttore esecutivo della San Luis Obispo County Bicycle Coalition.*

Se volete divertirvi, digitate "Natural Resources Defense Council" e "Smart Growth" nel vostro motore di ricerca. Vedrete un'immagine di una strada intitolata "Picturing Smart Growth". È divertente, davvero. Fare clic su di esso. L'immagine si trasformerà in una strada trafficata, percorribile a piedi e in bicicletta, completamente paesaggistica, con edifici costruiti dietro il marciapiede su entrambi i lati. Che fine hanno fatto gli edifici che c'erano prima? Chi possiede ora questo terreno?

Sulla loro mappa interattiva sono rappresentate settanta città. Guardate. È diretto verso di voi. Complete Streets" è un programma/piano legislativo finanziato dalle imposte sui trasporti e sul reddito che modifica le strade secondo i requisiti della crescita intelligente. Se si dipinge una pista ciclabile sulla strada (corridoio di trasporto), si fa passare un autobus o un treno su quella strada o nelle sue vicinanze e si attua una crescita intelligente su entrambi i lati della strada, allora sono "completi". Si tratta di un sacco di soldi per gli sviluppatori della crescita intelligente e per gli operatori di alloggi a basso reddito. Vi ho detto che circa il 20% dei fondi per la riqualificazione dovrebbe essere destinato alle abitazioni a basso reddito? Vede come le coalizioni di ciclisti e gli sviluppatori di case popolari sono legati alla riqualificazione?

Non vi biasimo se pensate che questa donna, Rosa, e il suo compagno possano davvero essere tutto ciò che dicono di essere, ma come faccio a saperlo? Ebbene, un giorno abbiamo avuto una sorpresa quando siamo stati contattati dall'ex presidente dell'associazione di quartiere del West Junior College, un uomo molto gentile che scrive una newsletter per la sua chiesa. Ci ha detto che l'anno prima gli era successa la stessa cosa nel suo quartiere, proprio di fronte a Mendocino Avenue. Perché? Perché stava sostenendo la costruzione di un parcheggio per gli studenti del Junior College. Vedete, i gruppi locali dell'Agenda 21 dell'ONU non vogliono più parcheggi perché vogliono che andiate in bicicletta e che viviate in un contesto di crescita intelligente. Infatti, la Sonoma County Bicycle Coalition ha fatto causa al Santa Rosa Junior College per impedire la costruzione del parcheggio. E il nostro nuovo amico, l'ex presidente del quartiere, non voleva che gli studenti parcheggiassero nel suo quartiere, quindi ha appoggiato il garage. È stato cacciato, fatto sentire razzista (è afro-americano) e mentito a dai vicini che, guarda caso, erano pianificatori della crescita intelligente.

Tutto stava diventando più chiaro per noi, e non era bello.

Passano alcune settimane e nell'agosto 2007 il consiglio convoca Kay per un'udienza sui risultati dell'indagine a casa di un membro del consiglio. Naturalmente, non avevano mai intervistato né lei né altre persone che conoscevamo. La donna aveva chiesto la presenza di un avvocato, ma la sua richiesta è stata respinta perché non viveva nel quartiere. Nessuno del vicinato era presente e nessuno ne era a conoscenza. All'udienza, che è stata come un tribunale segreto, ha detto che si trattava più di loro che di lei, e che l'aveva presa come una dichiarazione di guerra - noi e la nostra associazione di categoria l'avremmo resa nota ovunque (abbiamo poi distribuito volantini nel quartiere). Aveva appena accettato un incarico presso Habitat for Humanity per gestire il programma Women Build e non voleva che questa controversia continuasse.

(L'esperienza di Habitat for Humanity è un'altra storia politica surreale, ma questa è abbastanza lunga). Ha accettato di lasciare la carica di presidente a Gary Wysocky e di completare il suo mandato biennale come membro del Consiglio di amministrazione. Mentre l'incubo continuava, Wysocky inviò un'e-mail al consiglio direttivo della JCNA dicendo che doveva sponsorizzare un picnic per "sedare il dissenso". Qualche settimana dopo, il quadro si è rischiarato quando Wysocky ha annunciato la sua candidatura al consiglio comunale come "leader del vostro quartiere". Questo spiega gran parte delle molestie. I sostenitori di Wysocky avevano apparentemente deciso che aveva bisogno di una posizione attuale per candidarsi al consiglio. Non si era candidato contro Kay quando lei era stata democraticamente eletta sei mesi prima, quindi ora doveva assumere l'incarico "per nomina".

Riuscite a immaginare lo stress che abbiamo dovuto affrontare nel nostro delizioso e tranquillo quartiere? Ci sono stati momenti in cui ho avuto letteralmente paura. Una bella cittadina nella regione vinicola della California settentrionale, che stava marcendo dall'interno. La cosa peggiore è che ora so che questo non è insolito.

## UNA COALIZIONE DI AMICI

Per anni abbiamo partecipato regolarmente alle riunioni del Consiglio comunale e della Commissione urbanistica, sostenendo i nostri nuovi amici. Abbiamo contribuito a fermare la tassa sulle aree di miglioramento delle imprese, che avrebbe incanalato i fondi delle piccole imprese verso un'organizzazione no-profit, Main Street USA. Tra l'altro,

Main Street USA conduce "corsi di formazione" per il personale della città addetto allo sviluppo della comunità e, in un seminario, insegna loro come superare il loro più grande ostacolo: i proprietari di casa. Tra i nostri numerosi casi, abbiamo contribuito a mantenere aperto il centro per anziani della città, aiutando gli anziani a difendersi da soli presso il Comune. Abbiamo notato che sembrava che chiunque si schierasse con noi ottenesse ciò che voleva, perché la città non voleva che ottenessimo altro sostegno da un elettorato inquieto.

Abbiamo raccolto fondi per la causa e ho incontrato persone fantastiche che hanno generosamente donato alla nostra organizzazione no-profit, Concerned Citizens of Santa Rosa Against Redevelopment Law Abuse. Come sempre, ho garantito l'anonimato dei nostri donatori, che erano uomini d'affari che lavoravano sodo. Dovevano lavorare con la città per ottenere i permessi e i contratti; non volevano metterli a rischio. Uno dei nostri avvocati aveva una figlia gay e lo studio decise generosamente che avrebbe potuto svolgere parte del lavoro gratuitamente se avessimo accettato di continuare a raccogliere fondi, a svolgere attività di advocacy per lo studio e a rivedere tutte le memorie. Ho organizzato pranzi, incontri privati, presentazioni e mailing, oltre alle nostre newsletter periodiche.

Queste newsletter, che abbiamo scritto, stampato e distribuito per tre anni, erano piuttosto insolite nella nostra città e trattavano di tutto, dalla riqualificazione all'imminente chiusura del centro per anziani, dalla disfatta del treno SMART (Sonoma Marin Area Rapid Transit) ai piani generali e alla zonizzazione. Le associazioni di quartiere della città facevano stampare gratuitamente le loro newsletter, ma il contenuto doveva essere approvato. Come lo sappiamo?

Abbiamo cercato di inserire un annuncio in una delle newsletter dell'area di riqualificazione. L'annuncio era per la nostra associazione imprenditoriale ed era molto semplice. Si trattava semplicemente di un annuncio della formazione del nostro gruppo e di un biglietto da visita con il nome Santa Rosa Area Business Association e l'indirizzo del sito web. L'annuncio è stato respinto, la città si è rifiutata di stamparlo. Così abbiamo scritto e stampato le nostre newsletter di quattro pagine, pagandole noi stessi. Li abbiamo distribuiti a piedi a centinaia di aziende e proprietà. Abbiamo conosciuto molte altre persone e ho iniziato a pensare che ora conoscevo alcune delle persone migliori che avessi mai incontrato e alcune delle peggiori.

Qualcuno si era assicurato che i miei capi, il vicedirettore del Dipartimento dei Trasporti della California Robert A. Macpherson e il capo dell'ufficio Mark Shindler, ricevessero una copia dei numerosi articoli di giornale e delle rubriche che facevano il nostro nome. Sono grata che non mi abbiano mai detto una parola al riguardo, se non per chiedermi come stavo.

La cultura dell'integrità all'interno del distretto 4 di Caltrans è forte.

In seguito, la città di Santa Rosa chiese direttamente al direttore di non permettermi di valutare nulla a Santa Rosa per il progetto di ampliamento dell'autostrada. Mi ha risposto di sì, ma perché stavo lavorando a un progetto più grande, più a sud. La città non lo sapeva, però, ed era ovvio che volessero farmi del male. Ho ottenuto le informazioni presentando una richiesta di documenti pubblici al Comune per ottenere tutti i documenti che avevano su di me.

Per un po' le cose si sono tranquillizzate con l'associazione di quartiere: avevano ottenuto ciò che volevano e Gary Wysocky era stato eletto nel consiglio comunale. Il consiglio comunale era ora controllato dai sostenitori della coalizione ciclistica. Dei sette membri, quattro appartenevano a questa fazione. Una di loro, Veronica Jacobi, era un membro del consiglio direttivo del Sierra Club che non aveva un'auto, né un frigorifero. Troppi gas serra.

## Mettete tutto insieme e avrete l'Agenda 21

Nel frattempo, il nostro caso, *Tokerud contro la città di Santa Rosa*, è stato portato alla Corte Superiore della Contea di Sonoma e abbiamo perso. Le nostre argomentazioni erano eccellenti e il nostro sostegno era forte, compresi alcuni "colpi di dinamite" che ritenevamo potessero sconfiggere il caso della città, ma è stato come se avessimo lanciato delle bombe che sono cadute come piume. Nulla ha convinto il giudice. In questo caso non c'era una giuria. Non c'è nemmeno giustizia. Nonostante il fatto che la città abbia utilizzato informazioni obsolete, che i calcoli fossero totalmente confusi e i dati decisamente errati nel rapporto, e che abbia mantenuto le statistiche dei quartieri (il 15% dell'area totale) che aveva rimosso dall'area del progetto, la corte ha comunque deliberato a favore della città. Mio padre, avvocato, mi diceva sempre, quando ero bambino e mi lamentavo che qualcosa non era giusto nella legge: "Ciò che è giusto è quello che succede in città alla fine dell'estate". Questa è la dura verità, come ho potuto constatare anche nel mio lavoro di supporto alle controversie. Si può avere ragione e perdere. L'aspetto positivo di questa sconfitta è che il giudice ha deciso che avevamo esaurito i nostri rimedi amministrativi, cioè che avevamo fatto tutto il possibile per far ascoltare il nostro caso, e che potevamo procedere in appello. I nostri avvocati ci hanno consigliato di farlo, così abbiamo continuato a raccogliere fondi, cosa più difficile da fare ora che l'economia stava crollando nel 2007/2008. Alla fine, abbiamo raccolto circa cinquecentomila dollari in donazioni e lavoro legale *pro bono*. La città ha speso circa il doppio per combattere contro di noi, forse hanno dovuto lavorare il doppio.

Avevo fatto delle ricerche per cercare di mettere insieme i pezzi e mi sembrava di imparare qualcosa di nuovo ogni due ore. Siamo entrati in contatto con altri gruppi per i diritti di proprietà della zona, uno dei quali si chiamava Sonoma County Land Rights Coalition.

Composto principalmente da proprietari terrieri rurali che si opponevano al monitoraggio delle acque sotterranee da parte dell'Agenzia della Contea di Sonoma, questo gruppo si trovava generalmente all'estremità opposta dello spettro politico rispetto alla maggior parte di noi, ma non ci importava. L'obiettivo era quello di riaffermare i nostri diritti di proprietà privata. Attraverso il loro leader, Orlean Koehle, abbiamo scoperto l'Agenda 21 dell'ONU e la lampadina si è accesa. Era il cuore oscuro di ciò che stavamo combattendo.

Ho letto del piano Agenda 21 dell'ONU, ho fatto ricerche su ICLEI, ho guardato i contratti governativi, ho guardato video, ho letto libri, ho guardato i siti web dei gruppi ambientalisti e dei governi e ho imparato a conoscere il piano dell'ONU che stava plasmando il nostro mondo. Sono passato dall'essere scettico a riconoscere che la "rivoluzione della pianificazione" che avevo osservato e combattuto nei miei incontri con gli urbanisti delle nove contee della Baia di San Francisco per circa 10 anni era l'Agenda 21 delle Nazioni Unite. Ho guardato i grafici che avevo elaborato sulle connessioni a Santa Rosa e alla Contea di Sonoma e mi è apparso chiaro che la riqualificazione era al centro dell'Agenda 21 dell'ONU/sviluppo sostenibile e ne era il braccio finanziario e attuativo. Fortunatamente per noi, siamo stati attaccati da tanti gruppi diversi: mi ha aiutato a vedere queste connessioni e a identificare gli attori. Era enorme. Come in precedenza, ho dovuto ridere della mia ignoranza iniziale nel cercare di giurare fedeltà a certe persone che avrei pensato fossero alleate. Insider del Partito Democratico, gruppi ambientalisti, sindacati, gruppi civici (ho già detto che la Camera di Commercio e il costruttore locale di case popolari si erano uniti alla città contro di noi nella causa?), politici, l'elenco continuava. Avevo anche pensato di candidarmi al consiglio comunale e avevo incontrato un consulente politico, il marito del nostro senatore statale. Deve aver pensato che fosse piuttosto divertente. Sua moglie, la senatrice Patricia Wiggins, è stata la fondatrice del California Smart Growth Legislative Caucus!

Ma questa non è una questione che riguarda solo i Democratici. Non voglio suggerire che un partito sia migliore di un altro. Le persone al potere vogliono rimanere al potere. Le persone che vogliono il potere cercano di ottenerlo. Se si segue la traiettoria di Barack Obama, ci si accorge che è stato il Partito Repubblicano a portarlo in carica. Una piccola ricerca sul suo percorso dal Senato statale alla vetta vi mostrerà che è stato portato al seggio del Senato degli Stati Uniti dal crollo della campagna del candidato Jack Ryan (la moglie di Ryan lo ha accusato di turpitudine morale durante le procedure di divorzio); I documenti del tribunale di sono stati secretati; il Chicago Tribune ha fatto causa per far togliere i sigilli, cosa senza precedenti in un caso di divorzio; dopo lo scandalo, il Partito Repubblicano ha fatto pressioni su Ryan affinché si ritirasse dalla corsa, nonostante fosse in vantaggio su Obama di ben 70 punti:30; il partito repubblicano non riuscì a individuare un nuovo candidato e alla fine, 3 settimane prima delle elezioni, mise in campo Alan Keyes, un afroamericano cattolico ultraconservatore del Maryland, usato dai repubblicani come guastafeste nelle gare). Keyes ha perso con un margine di 30:70 contro un senatore di Stato dei sobborghi di Chicago, un tempo oscuro: Barack Obama. A mio avviso, altre manovre hanno garantito la sua elezione a presidente. Non voglio entrare in una questione di parte. Lo dico per dire che siamo manipolati. I partiti politici fanno parte della dialettica.

Il potere non ha partito. L'Agenda 21 dell'ONU è apartitica.

Ho imparato a conoscere la dialettica hegeliana da Niki Raapana, il principale critico mondiale del comunitarismo. Il suo libro, *2020: Our Common Destiny*, è un'eccellente analisi del movimento sovranazionale per lo sviluppo sostenibile. La dialettica hegeliana è la base filosofica del comunitarismo. L'idea è che la vera libertà si ottiene solo attraverso la schiavitù allo Stato, perché allora tutto il libero arbitrio viene ceduto a un ordine superiore (il governo).

Paradossalmente, la schiavitù porta la libertà. A Karl Marx piaceva questo trucco e lo usava politicamente. La sottomissione allo Stato, per il bene comune, porta le gioie di una vita spensierata, in teoria. In pratica, non molto. La maschera verde deve rimanere al suo posto per attuare questo "bene comune", altrimenti ci sarà il caos interno e l'interruzione dello sfruttamento del lavoro delle masse.

E una nota sul totalitarismo e sul fascismo, perché è di questo che stiamo parlando. Ogni Stato totalitario si basa su questi cinque elementi:

> ➢ Informazioni complete su abitanti e risorse
> ➢ Controllo totale di movimenti, discorsi, sindacati, università, chiese, produzione e mercati.
> ➢ Terrore
> ➢ Visione di un futuro glorioso
> ➢ Controllo spartano del presente, scarsità

Il fascismo si differenzia per il fatto che consente il controllo delle imprese e la proprietà privata con sovvenzioni statali (partnership pubblico-privato) ed è essenzialmente controllato dalle grandi imprese. Gli altri elementi sono gli stessi.

Il terrore nel nostro Paese è visto come esterno (la storia dell'11 settembre), interno (la storia dell'antrace, la storia dell'attentatore di scarpe) e globale (la storia del cambiamento climatico). Nel 2050 ne discuteremo ancora; sarà come l'assassinio di JFK. La storia giustifica il controllo, cioè il Patriot Act degli Stati Uniti, l'aumento della sorveglianza interna, le perquisizioni, le liste no-fly, le restrizioni e l'indottrinamento sull'uso del territorio, l'energia, i trasporti e l'istruzione.

Agenda 21 dell'ONU - Lo sviluppo sostenibile è il futuro glorioso reso possibile da un presente spartano. È la maschera verde. Il futuro è una rappresentazione artistica di cieli blu, spazi verdi comuni e tante persone sorridenti in bicicletta in città pulite e splendenti. Il presente, a breve termine, è sempre più austero, più ristretto e intriso della retorica apocalittica e panica del riscaldamento globale. Con gli strumenti a loro disposizione, le città e le contee stanno attuando il piano dell'Agenda 21 delle Nazioni Unite.

Usano la riqualificazione, l'applicazione del codice, le piste ciclabili, i programmi di adeguamento degli edifici verdi, le tasse e le multe, i piani generali e qualsiasi altra cosa che faccia perdere tempo e risorse per il "bene comune".

Sì, ho detto "spreca tempo e risorse". Questo è un obiettivo dell'Agenda 21 delle Nazioni Unite. Lo spreco di risorse, umane o naturali, è intenzionale. Come disse George Orwell nel suo brillante libro *1984, è* necessaria *una* guerra costante per assorbire i prodotti del lavoro di tutti, al fine di mantenere la penuria e la cultura della scarsità.

Le misure di austerità aumenteranno. Le risorse naturali saranno vietate.

L'apporto calorico sarà ridotto (siete obesi!). L'industria manifatturiera si concentrerà in campi di lavoro quasi schiavistici, come avviene attualmente in Cina e in India. In effetti, questa immagine si adatta molto bene, non è vero? Il modello cinese? Una fabbrica al piano terra di un villaggio di transito con alloggi al piano superiore per gli operai. Oggi state guardando un disegno a pastello e domani sarete in una prigione intelligente®. Verde!

# Democratici contro l'Agenda 21

Poco dopo aver iniziato a documentarmi sull'Agenda 21 dell'ONU, ho iniziato a chiedermi se fossimo gli unici liberali a conoscerla e a prenderla sul serio. Com'è possibile? I democratici possiedono una proprietà.

I liberali non vogliono vivere in una corporatocrazia. I popoli liberi non accettano un governo totalitario. I diritti civili sono una parte vitale della nostra libertà - perché si diceva che l'Agenda 21 dell'ONU era una fantasia di destra? Qual era lo scopo di questa polarizzazione? Era per impedirci di guardare dietro la maschera verde? Sapevamo certamente di essere sulla strada giusta, visto l'enorme sforzo per cercare di screditarci e attaccarci.

Avevo pensato di chiamare il sito *"Villagers with Forks"*, ma qualcuno l'aveva già fatto. Dal punto di vista politico, mi sono reso conto dell'importanza di ampliare lo spettro di consapevolezza. Essere *democratici contro l'Agenda 21 dell'ONU* è stato deludente e insolito, ma speravo che fosse un segnale del futuro movimento contro il controllo totalitario che, si spera, verrà presto dalla sinistra. La consapevolezza che il movimento ambientalista è stato dirottato dovrebbe scuotere e svegliare i liberali per prendere posizione contro l'Agenda 21 dell'ONU. Si tratta di un movimento di base apartitico. Non importa se bevete tè o caffè, ma state lontani dalla Kool-aid.

## La città sta perdendo il controllo

La quiete è terminata all'inizio del 2009 con il viale ciclabile di Humboldt Street. Humboldt Street è una strada collettrice nord-sud moderatamente trafficata che attraversa il nostro verdeggiante quartiere storico per circa un miglio. È la nostra alternativa locale alla strada principale più trafficata e tutte le nostre strade più tranquille finiscono qui. Il Consiglio dei ciclisti e dei pedoni ha deciso di chiedere al Consiglio comunale di trasformare Humboldt Street in un "viale per biciclette". Un bike boulevard dovrebbe essere una strada a bassa velocità e a basso traffico che dà la priorità alle biciclette. Può comprendere rotatorie, deviazioni e altri ostacoli per ostacolare e scoraggiare il traffico automobilistico. È stato annunciato un incontro di visioning (Delphi) per ottenere un "consenso di quartiere" per il piano. Kay ha distribuito dei volantini per informare il quartiere dell'incontro, cosa che ha turbato molto il Consiglio. Non volevano che qualcuno andasse alla riunione e non volevano che la strada fosse chiusa al traffico?

L'incontro è stato un tipico incontro Delphi con una "visione" orientata al risultato predeterminato della costruzione del boulevard ciclabile. Non c'era modo di sapere se i partecipanti vivessero effettivamente nel quartiere o se venissero da altrove per influenzare il "voto". I piani prevedevano la rimozione di tutti i segnali di stop a quattro vie su questa strada piuttosto trafficata, l'installazione di rotatorie agli incroci, la rimozione di alcuni parcheggi e persino la chiusura totale della strada al traffico di transito. Tutto ciò sembrava poter portare a gravi incidenti. Alcuni dei residenti di mezza età e anziani che si sono opposti sono stati etichettati come "vecchi brontoloni" sul sito web della città.

Potete immaginare quanto fossero arrabbiati.

Il mandato biennale di Kay nel consiglio dell'associazione di quartiere stava per scadere ed era chiaro che i membri del consiglio non volevano rischiare che qualcun altro, che non potevano controllare, entrasse nel consiglio. Che cosa hanno fatto? Hanno votato (Kay è stato l'unico voto contrario) per modificare il regolamento interno in modo da proibire, tra l'altro, a chiunque di nominare una persona per una posizione se non è stata prima approvata dal Consiglio centrale. Cosa significa ? Non ci sarà mai più un consiglio eletto democraticamente. Il Consiglio ha tenuto le elezioni in base al nuovo statuto e io sono rimasto a casa. I "vecchi brontoloni" e le loro mogli ci hanno contattato dopo la riunione di circoscrizione e si sono detti sconvolti da quella che sembrava essere un'elezione truccata degli appassionati della coalizione ciclistica. Vogliamo iniziare a organizzare le nostre riunioni? Alla fine, non eravamo soli.

Ho creato un sito web utilizzando il costruttore di siti web Weebly dot com, estremamente semplice, e abbiamo deciso di chiamarci Santa Rosa Neighborhood Coalition. Il nostro motto è "Partecipa - è la TUA città!

Abbiamo distribuito volantini nel quartiere annunciando una riunione di quartiere su questioni di interesse e abbiamo tenuto la riunione a casa nostra. Su circa 400 volantini, abbiamo avuto solo 30 persone alla nostra riunione. Questo è lo stato della partecipazione civica al giorno d'oggi: siamo tutti così occupati. Ma il gruppo di base era eccellente. Oltre al viale ciclabile, avevamo all'ordine del giorno un punto molto importante: la proposta di un programma obbligatorio di riqualificazione degli edifici verdi. Si trattava di una proposta scioccante, studiata per un anno da una task force cittadina chiamata Green Building Advisory Committee. Composto da costruttori, gruppi ambientalisti, camera di commercio, agenti immobiliari e il promotore di alloggi a basso reddito della zona, il gruppo redigerà i nuovi requisiti di bioedilizia. Secondo la proposta, tutti gli edifici commerciali e residenziali esistenti in città sarebbero soggetti a ispezioni energetiche obbligatorie, dal sottotetto al seminterrato. Per far rispettare questa misura, le ispezioni dovrebbero essere effettuate al momento della vendita o della ristrutturazione di un immobile. I miglioramenti energetici devono essere pari o superiori all'1,5% del prezzo di vendita se l'immobile viene venduto, o del valore della ristrutturazione. I trasferimenti di proprietà o i permessi di ristrutturazione non saranno processati fino a quando l'ispezione e i miglioramenti non saranno approvati dalla città. Wow! Santa Rosa sarebbe la prima città degli Stati Uniti a renderlo obbligatorio. La commissione consigliava al Consiglio comunale di adottare questa proposta e ci sono stati solo pochi voti contrari (un agente immobiliare e alcuni costruttori) su diciannove membri della commissione.

Volevamo svegliare i cittadini della nostra città. Alcuni membri del nostro nuovo gruppo pensavano ancora che "la città non avrebbe fatto una cosa del genere" e hanno invitato il rappresentante del Board of Realtors del Comitato consultivo per l'edilizia verde alla nostra riunione per parlare di ciò che era accaduto al comitato. Quando è venuta a parlare con noi, è stato chiaro che l'unico motivo per cui le agenzie immobiliari si opponevano a questo provvedimento era perché avrebbe potuto rallentare le vendite, non perché si trattava di una perquisizione delle nostre case senza un mandato. Non perché costerebbe a ciascun proprietario di casa una cifra stimata in 750 dollari per ogni ispezione. Non perché fosse una violazione del nostro diritto alla privacy. Dopo averle fatto capire che le interessavano solo le commissioni, le ho detto: "Senta, non riceviamo alcun aiuto dal Consiglio degli agenti immobiliari o da altri. L'unica cosa che possiamo fare è volantinare in città e attirare l'attenzione della gente su questo problema. Facciamolo".

Ho scritto il seguente volantino e ne abbiamo fatto 7000 copie. Circa 15 di noi hanno diviso la città in quattro quadranti e hanno piazzato strategicamente i volantini sulle porte di casa per diverse settimane. Ecco il volantino:

*Avviso*

*La città di Santa Rosa sta imponendo requisiti di bioedilizia a tutti gli edifici esistenti, il che avrà un impatto sulla vostra casa e sulla vostra azienda. La città sta sviluppando delle linee guida che possono includere:*

*Ispezioni e test obbligatori (750 dollari) di ogni proprietà a Santa Rosa*

*L'obbligo per ogni proprietario di pagare fino all'1,5% del valore della sua proprietà in opere di miglioramento energetico prima di poter concludere la vendita della sua proprietà*

*L'obbligo per ogni proprietario di pagare fino all'1,5% del valore di la propria proprietà in lavori di miglioramento energetico prima di poter ottenere un permesso di ristrutturazione.*

*L'obbligo di aumentare l'efficienza energetica dell'immobile del 15% ogni volta che si vende o si ottiene una licenza, indipendentemente dai lavori già eseguiti.*

*Leggete alcune parti della relazione del Gruppo consultivo per l'edilizia verde:*

*Www.santarosaneighborhoodcoalition.com*

*Contattare il sindaco Gorin: sgorin@srcity.org o telefono: (707) 543-3010*

*Partecipa------ è la tua città!*

Ci siamo assicurati di distribuire volantini sulle porte delle zone più ricche della città, perché pensavamo che potessero avere una certa influenza sul municipio. Poco dopo aver iniziato il volantinaggio, abbiamo appreso che il sindaco e l'impiegato comunale erano sommersi di telefonate. Il sindaco ha pregato Kay di annullare l'operazione, ma lei ha risposto che non era una sua idea e che non aveva alcun controllo sulle circa 15 persone che distribuivano volantini. Ho chiamato il sindaco senza identificarmi per vedere cosa avrebbe detto al riguardo e mi ha detto che si trattava solo di alcuni "facinorosi" che distribuivano volantini e che la città non aveva intenzione di seguire le raccomandazioni della commissione. Sapevamo che non era vero, perché il direttore della città aveva commissionato piani di lavoro e richiesto sovvenzioni. Con una delle peggiori manovre immaginabili, la città aveva cercato di ingannarci, inserendo nel piano generale una frase che diceva che la città "adotterà un piano che richiede" le raccomandazioni.

Kay ha visto questo punto all'ordine del giorno della Commissione di pianificazione ed è corso alla riunione. Ha detto alla Commissione di pianificazione che avremmo fatto causa alla città se fosse stata inserita nel Piano generale. Dato che stavamo facendo causa alla città, forse sapevano che facevamo sul serio.

La formulazione è stata modificata in "considerare l'adozione di un piano".

Abbiamo pubblicato tutto questo sul nostro sito web. La notizia è apparsa sul giornale e sono state inviate molte lettere al direttore, tra cui la nostra e quella del sindaco, il quale si è indignato per il fatto che i volantini sembrassero ufficiali e ha detto che avevamo deliberatamente cercato di confondere le persone. Il sindaco era indignato per il fatto che i volantini sembrassero ufficiali e ha detto che avevamo deliberatamente cercato di confondere le persone. Questo non è vero. In effetti, se la città avesse pubblicizzato il programma stesso, non ce ne sarebbe stato bisogno. Se le associazioni di quartiere e l'Alleanza di quartiere fossero stati veri gruppi di cittadini, non avremmo dovuto farlo. Ogni volta che sul giornale appariva una lettera che criticava il piano della città, contattavo gli autori della lettera e li invitavo alle nostre riunioni. Tutte queste lettere sono state pubblicate sul nostro sito web. Ci sono ancora - cercate su Santa Rosa Neighborhood Coalition dot com, alla voce Green Building. La "storia" era che il programma avrebbe creato molti posti di lavoro verdi e rivitalizzato l'economia. Ma il grande premio va al programma di prestiti per l'energia verde.

Sponsorizzato dall'ICLEI, questo programma di prestiti per l'energia verde deve essere una delle più grandi bufale mai create. Chiamato Property Assessed Clean Energy (PACE), è un modo per realizzare il sogno verde. Supponiamo di possedere una casa e di volervi installare dei pannelli solari. Il costo è stimato tra i 20.000 e i 40.000 dollari. Non avete i soldi e non potete ottenere una linea ipotecaria perché state già lottando per pagare il mutuo. Ma la contea, essendo membro di ICLEI e impegnandosi a ridurre i gas serra, vi permetterà di ottenere un prestito fino al 100% del capitale della vostra casa. Il prestito può essere rimborsato aumentando le imposte sulla proprietà per un periodo di vent'anni. Non importa se avete un cattivo credito o se non potete permettervi di acquistare i pannelli solari, perché il prestito è garantito dalle tasse di proprietà e dalla casa. O li pagate voi, o li pagherà la persona a cui venderete la casa. Sembra una buona idea, vero? Il problema più immediato è che se la vostra casa viene pignorata dalla banca per il mancato pagamento del mutuo, quando la proprietà viene venduta, la prima cosa da pagare è l'imposta provinciale. Sì, in sostanza avete messo la vostra seconda ipoteca di fronte alla banca. Chiamandola "valutazione dell'immobile" anziché prestito, PACE pensava di poter ingannare i finanziatori. Potreste pensare: "Che mi importa se la banca non viene rimborsata?". A voi interesserebbe, vero, perché la banca non è più disposta a correre il rischio che i suoi prestiti non vengano ripagati. La Federal Housing Finance Agency (Fannie Mae e Freddie Mac) ha quindi proposto di ridurre del 10% l'importo potenziale del prestito per OGNI proprietà nella contea. Incredibile, vero? Ciò significa che, se normalmente si mette un anticipo del 20% e si ottiene un mutuo per l'80% del valore dell'immobile, dopo il programma PACE, anche se non si ha nulla a che fare con esso, si potrà ottenere solo un mutuo del 70%. Ciò significa che dovrete versare un ulteriore acconto del 10% su qualsiasi casa vogliate acquistare nell'intera contea. Se volete solo rifinanziare la vostra casa, la FHFA (che detiene l'85% di tutti i mutui per la casa) vi chiederà di pagare la perizia PACE prima di concedervi un rifinanziamento. Ti va ancora bene? Non lo pensavo. Che effetto avrebbe sui valori immobiliari? Scenderebbero almeno del 10%, giusto?

Ci sono molte altre cose che non vanno in questo piano, come il fatto che si comprerebbero vecchi pannelli solari per più di quanto valgono se si acquista una casa con pannelli vecchi di dieci anni e si hanno ancora dieci anni da pagare sulla "valutazione", il rifacimento del tetto (cosa succede se si ha un tetto di quindici anni e pannelli di venti anni? La Federal Housing Finance Agency (Fannie Mae e Freddie Mac) è stata citata in giudizio dalla contea di Sonoma e il contenzioso è in corso, ma la contea continua a erogare prestiti, cioè valutazioni. ICLEI ha lanciato una vigorosa campagna (digitate ICLEI e PACE nel vostro motore di ricerca) affinché il direttore della FHFA si dimetta e la PACE vada avanti. Si tratta di un programma pilota che si vuole diffondere in tutto il Paese.

Vi stavate chiedendo da dove provenissero i soldi iniziali per i "prestiti", cioè le valutazioni. Beh, è semplice. Sono agevolati dall'emissione di obbligazioni da parte di finanziatori privati. Cosa sono questi? Se avete del denaro da investire, potete ottenere un ottimo ritorno sull'investimento prestando a qualcun altro il denaro per installare i pannelli solari sul suo tetto. Con il debito garantito dalle imposte sulla proprietà, si tratta di un investimento sicuro. Ecco quanto riportato da Environmental Finance dot com il 1° aprile 2010:

> *Il primo bond PACE è stato emesso da Berkeley, in California, nel gennaio 2009, ma 20 Stati hanno approvato leggi che consentono alle loro città e paesi di implementare programmi PACE, che sono volontari per i proprietari di casa.*

> *"Si tratta di un cambiamento fondamentale", ha dichiarato Alan Strachan, cofondatore e managing partner di Green Energy Loan, una società che facilita le obbligazioni PACE, ai partecipanti al Wall Street Green Trading Summit nel marzo 2010.*

> *"Le città non sono strutturate per essere prestatori, non hanno il personale o il denaro per farlo", ha detto Strachan. "Non possiamo aspettare che ogni giurisdizione locale si organizzi. Wall Street potrebbe contribuire a risolvere questo problema*

*"intervenendo in modo forte e aggressivo con fondi commisurati a un rischio molto basso", ha affermato Strachan. "Penso che possiamo mettere PACE sotto steroidi e penso che dovremmo farlo".*

*Il mercato potenziale delle obbligazioni PACE - talvolta chiamate obbligazioni volontarie per investimenti ambientali - potrebbe superare i **500 miliardi di dollari**, ma alcuni sostenitori ritengono che questa stima sia prudente e che potrebbe arrivare a 5,5 trilioni di dollari.*

Come ho già detto, l'ecologia è molto redditizia. Oltre ai grandi finanziatori, si trovano installatori elettrici (installatori solari) e altri sindacati che finanziano i politici che cercano di imporre questi programmi. Lisa Maldonado, direttrice esecutiva del North Bay Labor Council AFL-CIO, afferma sulla sua pagina Twitter di essere *"solo un normale capo sindacale, che lavora per la rivoluzione, interessato alla guerra di classe e in attesa del grande balzo in avanti".* Sì, non si possono inventare queste cose. Intendeva forse il grande balzo in avanti del presidente Mao? Cosa diavolo sta succedendo ai sindacati? Sono stato un orgoglioso membro del sindacato per quasi trent'anni, ma non avevo idea di cosa facessero con le mie quote. E tu? Pagate le quote sociali per sostenere i candidati? Chi decide chi riceve i vostri soldi? Indovinate un po'? Nel 2001, in occasione del congresso nazionale di Chicago, l'AFL-CIO ha approvato ufficialmente una risoluzione che denuncia lo sprawl e invita tutti i sindacati a sostenere la crescita intelligente. Perché? Perché, dicono, le aree rurali e quelle suburbane non sostengono il lavoro sindacale quanto le aree urbane.

Un'altra cosa. Alan Strachan è ben noto in questa zona perché ha costruito molti edifici a uso misto Smart Growth (chiamati anche New Urbanism) fuori dai sentieri battuti nel sud-ovest di Santa Rosa. Non ha funzionato molto bene.

In realtà, il signor Strachan è fallito, è stato citato in giudizio dagli investitori del suo progetto e ha ricevuto una sentenza di

6,5 milioni di dollari. In un'azione separata, anche le persone che erano effettivamente proprietarie di parte del terreno su cui ha costruito il progetto gli hanno fatto causa. I Bonfigli, di 78 e 82 anni, hanno denunciato frodi e abusi sugli anziani nella loro causa, che hanno vinto in appello.

Il socio di Strachan nel Green Energy Loan, Dennis Hunter, oltre a essere coinvolto nell'esplorazione petrolifera, nel trasporto di rifiuti, nel settore bancario, nello sviluppo immobiliare e a possedere un jet Gulf Stream da 15 passeggeri, aveva anche stipulato un accordo di intermediazione per il Sonoma County Climate Exchange (SCX), dove avrebbe comprato e venduto crediti di carbonio a pagamento. Come in una borsa, gli operatori utilizzerebbero l'SCX per determinare il prezzo della transazione. Cap and trade. L'SCX ha stipulato un memorandum d'intesa con la Climate Protection Campaign (un'affiliata di ICLEI, che progetta piani di riduzione dell'energia per le città e organizza programmi scolastici per educare gli studenti al cambiamento climatico) per coordinare il programma e fungere da "verificatore terzo". Si tratta di un prototipo per altri scambi climatici nel Paese. Un altro fatto divertente è che l'esattore/revisore dei conti della contea di Sonoma, Rod Dole, è stato un forte sostenitore di questo programma e ora sta per andare in pensione con la pensione più alta del governo della contea... per andare a lavorare con Strachan e Hunter.

La nuova società si chiama *Ygrene* e organizzerà prestiti PACE per ristrutturare edifici commerciali utilizzando questo programma a Sacramento (capitale della California). Ristrutturazione di edifici per uffici affittati al governo. Chi ha la concessione del catrame e delle piume a Sacramento?

Tra l'altro, Dennis Hunter è lo stesso tipo di persona che ha messo a disposizione gli uffici della Campagna per la protezione del clima della Contea di Sonoma, della Coalizione ciclistica della Contea di Sonoma, della Contea solare di

Sonoma e del Post Carbon Institute. Il logo del Global Legacy Center di Dennis Hunter è un globo nel palmo della mano di un uomo (bianco).

Una cosa interessante dell'edificio (31 D Street, Santa Rosa, CA) è che era di proprietà del socio di Hunter nell'azienda di rifiuti. Si tratta di un ex edificio bancario costruito negli anni '70 e definito dagli esperti "funzionalmente obsoleto". Si tratta di un grande spazio morto con un mezzanino e conigliere dal soffitto basso al piano superiore, senza ascensore, vuoto e non facilmente adattabile a uso ufficio. Si trova di fronte al Municipio e il Comune l'ha acquistata nel 2009 (per "uffici") per un milione di dollari in più rispetto al valore stimato, che era alto. Era stata venduta per 3,5 milioni di dollari all'apice del mercato, e la città ha pagato un milione di dollari in più. Per un po' di tempo, prima che la città lo acquistasse, Hunter lo ha usato per il suo centro. Ora è sfitto e lui ha spostato la sua Global Legacy in un altro sito.

Ecco una foto dell'elenco degli inquilini ancora affisso alla porta:

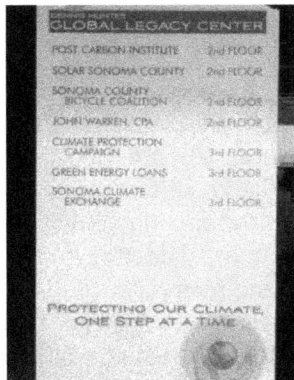

Oltre al Sonoma County Climate Exchange, ai Green Energy Loans, alla Bicycle Coalition, alla Climate Protection

Campaign e al loro commercialista, questo gruppo di amici comprende anche il Post Carbon Institute. Questo gruppo, con sede a Santa Rosa, stampa pubblicazioni e fornisce relatori sulla maschera verde. Dicono di *"guidare la transizione verso un mondo più resiliente, equo e sostenibile"*. Il Post Carbon Institute (che diavolo significa?) è stato intervistato per un recente articolo del North Bay Bohemian che screditava Kay, me e coloro che denunciano l'Agenda 21.

Il giornalista ha anche citato il supervisore Valerie Brown (membro del Consiglio di amministrazione nazionale di ICLEI-USA) che ha dichiarato di non conoscere alcun legame tra Agenda 21 e diritti di proprietà. Oltre ad essere assurda, questa affermazione è notevole perché riconosce l'esistenza dell'Agenda 21 su . Fino a poco tempo fa, i funzionari governativi sostenevano che l'Agenda 21 delle Nazioni Unite fosse una fantasia o una teoria della cospirazione.

Ora è fuori dall'armadio.

Intitolato "Agenda nascosta", questo articolo ha pubblicato bugie su di noi e ha coniato il termine "Agenda21'ers" per emarginare le questioni.

Pochi fatti, molti attacchi personali. Potete leggere l'articolo, la mia risposta e vedere il video dell'intervista telefonica con il giornalista del Bohemian sul sito web dei nostri Democratici alla voce Video/Articolo diffamatorio o su YouTube. Il Bohemian ha pubblicato la mia lettera al direttore, ma ha omesso il link a YouTube e al nostro sito web. È molto efficace filmarsi quando si viene intervistati da una stampa ostile, per conservare una copia fedele dell'intervista. Questi articoli non muoiono mai, grazie a Internet, quindi sarete attaccati ripetutamente nel corso degli anni da persone che useranno questi articoli come "prova e supporto" per le loro calunnie. Rispondete con la vostra documentazione.

Abbiamo già visto come le coalizioni ciclistiche siano legate alla crescita intelligente e alla riqualificazione. Ricorderete che ho detto di aver denunciato Michael Allen alla Fair Political Practices Commission quando era candidato all'Assemblea di Stato. È stato poi eletto (con il sostegno del sindacato). Dopo la sua elezione, è stato dichiarato colpevole delle accuse e multato. Il motivo per cui l'ho denunciato è che ha avuto un grave conflitto di interessi mentre faceva parte della commissione urbanistica della città. Il conflitto? Aveva un contratto retribuito con l'Agenzia idrica della Contea di Sonoma per fare pressione per una modifica del Piano generale di Santa Rosa per una proprietà di loro proprietà. Questa modifica del piano generale è stata presentata alla commissione urbanistica della città, mentre lui ne faceva parte, e ha votato a favore. Non ha mai detto di essere stato pagato per fare pressione sulla città. I suoi contratti ammontano a circa 95.000 dollari e le sue fatture mostrano che ha incontrato i funzionari della città come rappresentante della contea. Oltre a far parte della commissione urbanistica della città, è stato anche direttore di zona della senatrice Patricia Wiggins. L'ho citata sopra: è la fondatrice dello State Legislative Smart Growth Caucus. Michael Allen è stato anche presidente del North Bay Labor Council, che rappresenta principalmente i sindacati degli elettricisti (installatori di impianti solari). Un altro dei suoi lavori è stato il fondatore di Solar Sonoma County. Riconoscerete Solar Sonoma come uno degli inquilini del Global Legacy Center. Si tratta di un partenariato pubblico-privato con membri del no profit, delle imprese, dei lavoratori e del governo. Ecco cosa dicono di sé sul loro sito web:

> *Solar Sonoma County (SSC) è un'organizzazione che sostiene le questioni politiche relative all'energia solare e all'efficienza energetica, educa e forma i membri della comunità in questi settori, sostiene un'industria in crescita e funge da centro di raccolta delle informazioni sull'energia pulita nella Contea di Sonoma.*

*L'SSC fa parte di uno sforzo ambientale e solare senza precedenti in tutta la contea che ha attirato l'attenzione del Presidente Obama e del Dipartimento dell'Energia, che spesso guardano alla Contea di Sonoma come modello nazionale per programmi avanzati.*

In particolare, raccomandano gli installatori di pannelli solari e di scaldacqua solari.

Ok, resta con me, ti porto a fare un giro. Michael Allen ha lavorato per la senatrice Patricia Wiggins mentre il suo stato mentale si deteriorava rapidamente. Si presume che avesse il morbo di Alzheimer. Ho chiesto che si sottoponesse a un test di competenza o che si dimettesse dopo una serie di incidenti pubblici (si veda il sito web della Coalizione di Quartiere Santa Rosa/More/Senatore Pat Wiggins) e sono stato intervistato da stampa, radio e televisione sulle mie osservazioni personali sul suo comportamento. Il Partito Democratico non ha voluto impeachment perché mancava più di un anno alle elezioni e non voleva che i suoi piani venissero sconvolti. Il senatore *pro-tempore*, Darrell Steinberg (autore della SB 375, la legge anti-sprawl), si è rifiutato di sostituirla e le ha fatto svolgere il suo mandato da casa. L'hanno portata a votare solo quando ne avevano bisogno e le hanno dovuto mostrare quale pulsante premere per votare. Le mie dichiarazioni alla stampa sono state: "Chi sta scrivendo la legislazione che ha sponsorizzato? Chi è il nostro senatore?

Ricordate quando ho detto che Michael Allen, il suo direttore di campo, era stato sotto contratto con l'Agenzia per l'Acqua della Contea di Sonoma, quando l'ho denunciato per conflitto di interessi? Sono un importante valutatore sul campo di e sono rimasto davvero perplesso sul perché l'Agenzia dell'acqua abbia detto di averlo assunto. Hanno detto di volere una modifica del piano generale per la loro sede. Secondo la mia esperienza, non c'è stato bisogno di spingere per un cambio di destinazione d'uso da istituzionale a residenziale quando la contea ha lasciato l'edificio. Avrebbe dovuto essere un'operazione di routine. Così ho continuato a scavare. Perché l'Agenzia dell'acqua dovrebbe voler dare soldi a Michael Allen?

Ebbene, al Senato è passata una legge, sponsorizzata dalla senatrice Patricia Wiggins, la SB 730, che avrebbe richiesto l'installazione di 200.000 scaldacqua solari nella Contea di Sonoma entro il 2017 (costo medio 8.000 dollari). Verrebbe pagata con sconti sugli aumenti delle bollette dei contribuenti. Una sorta di tassa. Già questa è un'idea straordinaria, ma indovinate chi gestirebbe il programma?

Agenzia idrica della contea di Sonoma. E chi altro ne beneficerebbe?

Ricordate che ho detto che Michael Allen rappresentava anche i sindacati degli elettricisti? Pochi giorni prima che presentassi la mia denuncia formale contro Michael Allen, il disegno di legge 730 del Senato è stato ritirato. Si sono fatti prendere dal panico? Non ho solo denunciato Michael Allen. Avevo anche consegnato il direttore generale e l'ingegnere capo dell'Agenzia idrica della contea di Sonoma.

La Fair Political Practices Commission non ha portato avanti il caso contro l'Agenzia dell'acqua, ma non mi ha mai detto perché. Non sembra strano che sia accettabile pagare per influenzare qualcuno ma non accettare il denaro? Non dovrebbero essere entrambi sbagliati?

Indovinate cosa è successo subito dopo che ho denunciato Michael Allen? Il Santa Rosa Press Democrat lo ha pubblicato sul giornale. Ma cos'altro hanno fatto? Hanno pubblicato un articolo feroce su di me, con la mia foto, chiamando me e il mio gruppo ombre e stampando insulti su di noi da parte di membri dell'Alleanza di Quartiere. Perché eravamo "nell'ombra"? Perché nessuno degli altri membri del gruppo voleva che i loro nomi fossero usati pubblicamente. Come biasimarli? Un'altra cosa che viene fuori in questo bastione della diversità e dell'accettazione della California del Nord è che questi articoli di attacco menzionano sempre la mia compagna, Kay. Perché? Vogliono che tu sappia che sono gay, nel caso questo abbia un'influenza negativa su di te. Non ho mai parlato di Kay a nessuno dei due giornalisti principali degli articoli offensivi, ma l'hanno inserita comunque negli articoli. Quello che dicono su di lei è una bugia sulla sua esperienza come presidente di reparto. Questi articoli, come ho detto prima, saranno usati ancora e ancora per "giustificare" le diffamazioni future.

Che senso ha legiferare in materia di retrofit energetico obbligatorio? A Seattle, la città ha scoperto che la promessa di migliaia di nuovi posti di lavoro "verdi" per gli addetti ai lavori di ristrutturazione e adeguamento non è stata mantenuta. Quanti posti di lavoro sono stati creati nel primo anno del programma? Quattordici, la maggior parte dei quali di natura amministrativa. La città ha stimato che per utilizzare appieno i 20 milioni di dollari di sovvenzioni federali per la termotecnica prima della loro scadenza nel 2013, dovrebbe ristrutturare 200 case al mese (circa 10 case per giorno lavorativo). Solo così la città potrebbe creare i 2.000 posti di lavoro previsti. Quante case sono state ristrutturate nel primo anno?

Tre. Sarebbe certamente più facile se gli aggiornamenti fossero OBBLIGATORI, non è vero?

Sta diventando più chiaro?

Dopo che settemila volantini hanno agitato i cittadini, la città ha abbandonato il piano ma non ha mai preso una decisione ufficiale. Il consiglio comunale ha detto che avevamo "paura del cambiamento". È un insulto comune: abbiamo paura e per questo ci opponiamo alla violazione dei nostri diritti.

Giocano la carta della vergogna e dell'imbarazzo. La retorica non si ferma mai. Tuttavia, il clamore è stato sufficiente a far morire il programma di greening obbligatorio, per il momento.

## Quando l'ideologia si scontra con la realtà

Purtroppo, il viale ciclabile di Humboldt Street è vivo e vegeto. Sei stanco? Certo che lo siamo. Ci sentivamo come se stessimo sempre lottando contro qualcosa e questo ci stava logorando. Vi darò alcuni suggerimenti su come evitare questo problema nella sezione Cosa posso fare alla fine del libro.

In tutti gli Stati Uniti spuntano piste ciclabili, misure di moderazione del traffico e divieti di circolazione nell'ambito dei piani di Complete Streets. Dopo aver visto rimuovere i segnali di stop e installare cerchi temporanei in mezzo agli incroci, ho deciso di smettere di andare in bicicletta. Era troppo pericoloso. Il progetto di completare le strade rendendole presumibilmente sicure per i ciclisti era molto più pericoloso che lasciarle così com'erano. Oltre all'installazione di rotatorie confusionarie, il piano prevedeva l'eliminazione degli attraversamenti pedonali e il restringimento delle strade agli angoli con l'installazione di barriere dal marciapiede. I ciclisti, che comunque raramente si fermavano agli stop, ora possono attraversare gli incroci senza problemi. I pedoni non potevano attraversare in sicurezza agli angoli perché i cerchi al centro delle intersezioni spingevano le auto sulle strisce pedonali. La città ha sabbiato le strisce pedonali. Ora i pedoni devono attraversare al centro dell'isolato. Che confusione. La linea di mezzeria è stata rimossa dalla strada. L'idea era che tutti avrebbero "condiviso" la strada in egual misura. È diventato un percorso a ostacoli davvero spaventoso.

Avevamo fatto una nostra indagine contando il numero di ciclisti sulla strada per diversi giorni ed era chiaro che non era necessario. La coalizione ciclistica ha organizzato grandi folle di ciclisti per percorrere la strada, poiché non era quasi mai utilizzata dalle biciclette e le statistiche della città lo riflettevano. La Junior College Neighborhood Association ha lanciato un appello ai 1.000 membri della Sonoma County Bicycle Coalition affinché vengano a percorrere la nostra pista ciclabile.

Quando le cose hanno iniziato a scaldarsi, sono stati installati due cartelloni nel quartiere, pagati con i fondi del Community Advisory Board. Questi cartelloni erano controllati dalla JCNA ed erano chiusi a chiave. C'è stata propaganda per la pista ciclabile e per il Vertice di quartiere. Abbiamo chiesto di affiggere un nostro manifesto, ma si sono rifiutati e ci hanno detto che non si potevano affiggere informazioni politiche sui cartelloni. Il solo fatto che esistessimo era "politico".

In un certo senso, la loro propaganda non era politica, anche se riguardava lo stesso argomento. Abbiamo affisso i nostri volantini sul retro dei cartelli che avevamo pagato con le nostre tasse ma che non potevamo usare. Abbiamo realizzato alcuni video su YouTube dei cartelli: andate su YouTube e digitate Humboldt Street Bike Boulevard Fight nella riga di ricerca. Vi suggerisco anche di consultare il nostro sito web: Santa Rosa Neighborhood Coalition alla voce Humboldt Street Bike Boulevard.

Ebbene, si è trasformata in una guerra. Non sto scherzando. Vicino contro vicino. C'era un'enorme quantità di bigottismo da parte dei sostenitori della moderazione del traffico e dei ciclisti. È bastato far notare ragionevolmente che il ripristino dei segnali di stop e della linea centrale della strada sarebbe stato più sicuro per farli ululare. Volevano essere conosciuti come una città con un viale ciclabile e se i segnali di stop fossero stati rimessi, non importava. Volevano dei deviatori, cioè delle barriere che rendessero la strada un vicolo cieco per le auto. È stato davvero impopolare. Gary Wysocky, l'ex presidente della Bike Coalition, che all'epoca era vicesindaco e faceva pressioni per ottenere quello che alcuni chiamavano il suo "Bully-Vard", andò di persona da alcune persone del nostro gruppo e disse loro che non c'era da fidarsi di noi e che bisognava evitarli.

Gruppi anonimi di uomini in spandex, caschi e occhiali da sole urlavano contro le persone in auto e strappavano i nostri volantini dai pali del telefono. Avevamo volantini gialli con la scritta "Restore Humboldt Street" ed erano ricoperti di adesivi "I (heart) Humboldt Bike Boulevard". Kay ha preso una grande scala e ha camminato su e giù per la strada esponendo i nostri volantini a circa 3 metri da terra.

Qualcuno ha affisso dei volantini divertenti ma oltraggiosi che dicevano che *c'erano i talebani della bicicletta*. Siamo stati accusati di averli pubblicati, ma noi non c'entriamo nulla. Ho fatto un video dei volantini sui pali del telefono ed è su YouTube (Humboldt Bike Blvd. Fight).

Ci siamo imbattuti in un'altra persona a tarda notte mentre stavamo affiggendo dei volantini. I suoi volantini recitavano "I (heart backwards) Humboldt Bike Boulevard". Era ovvio che molte persone erano infelici. Un gruppo di vicini disabili era arrabbiato perché i cordoli erano ora nel posto sbagliato: non potevano attraversare agli angoli e si sentivano vulnerabili. Questo ci ha dato un'idea. Abbiamo presentato un reclamo formale all'Amministrazione federale delle autostrade, sostenendo che la strada non era conforme all'Americans with Disabilities Act. La città era appena stata costretta ad apportare 2 milioni di dollari di aggiornamenti agli edifici cittadini non conformi alla normativaADA. Forse la nostra denuncia eviterebbe che questa pericolosa riprogettazione della strada diventi permanente.

Doveva essere una prova di sei mesi, ma era ancora in vigore 18 mesi dopo quando, dopo una dozzina di incontri a Delphi, lettere all'editore, presentazioni ai membri del consiglio comunale e riunioni di quartiere, ci siamo riuniti per la resa dei conti finale nella sala del consiglio comunale. Avevamo promosso una petizione per il ripristino della strada, con quasi 700 firme locali. Volevamo che quei cerchi venissero tolti dalla strada e che venissero rimessi i segnali di stop. Molti, moltissimi incidenti sfiorati hanno avuto la meglio su di noi. L'impiegato comunale era incompetente e a quanto pare ha travisato le statistiche sul numero di auto e biciclette in strada. I vigili del fuoco e la polizia avevano brontolato per i cerchi, ma hanno accettato. Il servizio ambulanze non era stato consultato. I genitori e l'amministrazione della scuola primaria erano contrari. Durante la riunione del Consiglio, che si è protratta per tutta la sera, si sono formate delle code. Sono andato lì e ho detto: "Ecco cosa succede quando l'ideologia si scontra con la realtà".

Riteniamo che il nostro rapporto sulla questione ADA, unito alla pubblicazione dell'informazione che il progetto completato sarebbe dovuto costare altri OTTO CENTOMILA DOLLARI e che era già costato quasi 200.000 dollari, abbia bloccato il progetto. Mentre litigavamo, c'era la stagione delle elezioni. L'opposizione ha usato questo argomento come tema di campagna elettorale, ha schiacciato la maggioranza della coalizione ciclistica in consiglio e ha vinto. Il nuovo consiglio si è impegnato a rimuovere i cerchi e a ripristinare alcuni segnali di stop. Nessun deviatore. Anche la nuova maggioranza del Consiglio sostiene la riqualificazione, tuttavia, e si è rifiutata di revocare la decisione del precedente Consiglio di eliminare la trasmissione dei commenti del pubblico alle riunioni del Consiglio alla televisione comunitaria. Sebbene abbiamo riavuto la nostra strada, ciò è avvenuto a costo della pace nel quartiere e ha di fatto esaurito i membri della nostra coalizione dopo 18 mesi di lotta.

## Uno sguardo dietro lo specchio

Il motivo per cui vi ho raccontato tutto questo è che è così che le comunità vengono fatte a pezzi. Nel mondo di Alice nel

Paese delle Meraviglie dell'Agenda 21 dell'ONU, le cose sono l'opposto di come dovrebbero essere. Ad esempio, mentre il nuovo consenso dovrebbe sollecitare la partecipazione delle "parti interessate", è vero il contrario. In realtà, è sufficiente l'*apparenza della* partecipazione. Sarete presenti e vi verrà chiesto il vostro parere, ma solo sulle questioni che il Delphi deciderà di affrontare. Le vostre obiezioni saranno ignorate e il risultato sarà quello previsto quando la città vi ha informato di avere un piano. Affinché ciò non accada, dovrete fare uno sforzo significativo, e farlo con attenzione, altrimenti sarete visti come "sgradevoli" - sappiamo quanto questo sia negativo. Il vero obiettivo è quello di mettervi in disparte e di farvi tacere. Alla fine del libro, nella sezione "Che cosa posso fare?", scoprirete come anti-Delphi una riunione.

Una delle grandi bugie dell'Agenda 21/ sviluppo sostenibile delle Nazioni Unite è che "costruisce comunità forti". È così, ma non nel modo in cui ci si potrebbe aspettare. È una democrazia gestita e un consenso fabbricato. Il concetto di "quartiere forte" è nato a Seattle, dove il dipartimento di quartiere era diretto da Jim Diers.

L'estate scorsa è venuto nella nostra città per parlare al primo *Summit dei quartieri* su come costruire le associazioni di quartiere. Si reca nelle comunità di tutti gli Stati Uniti per insegnare loro come creare "quartieri forti" utilizzando questo modello. Il Piano strategico per le città sostenibili è un progetto di Agenda 21 delle Nazioni Unite. Se guardate il documento dell'Agenda 21 delle Nazioni Unite, vedrete che la "costruzione di capacità" per quartieri forti ne fa parte.

L'idea è che i quartieri abbiano bisogno di una "voce": è questo il "problema".

La "soluzione"? Come a Seattle, la città li aiuterà a far sentire la loro voce creando un altro dipartimento governativo e assumendo facilitatori privati per gestire le associazioni di quartiere. Sì, è vero.

Nessun vicino disordinato che gestisce l'associazione di quartiere.

I Delphi, finanziati dai contribuenti, si prendono cura di voi. Si suppone che questo avvenga perché la voce di alcune persone di non viene ascoltata quando sono le personalità più forti a gestire le cose, quindi il quartiere ha un canale diretto con la città e viceversa. Ora, non pensate che l'acquisizione della nostra associazione di quartiere sia stata una cosa naturale e organica. Non lo era. Si trattava di un'associazione di quartiere inventata, con attori della Smart Growth. Il loro controllo permette loro di scegliere i vincitori e i perdenti utilizzando mezzi non governativi. In questo modo, possono cambiare la città senza doverne rendere conto e guidare il cambiamento senza riconoscere che sta avvenendo.

Jim Diers lavora ora con l'Asset Based Community Development Institute della Northwestern University di Chicago.

Hanno una facoltà piuttosto ampia. Indovinate chi è uno di loro? Michelle Obama. Sì, lei e Barack hanno ricevuto una formazione sullo sviluppo comunitario basato sui beni.

Ecco cosa ho detto sullo sviluppo comunitario basato sugli asset sul sito web della Santa Rosa Neighborhood Coalition:

> "L'estate scorsa si è tenuto un summit di quartiere qui a Santa Rosa. L'incontro è stato condotto da Tanya Narath, direttrice di un'organizzazione non governativa (ONG) privata chiamata Leadership Institute of Ecology and the Economy (LIEE), che ha stretto una partnership con la città (il suo obiettivo dichiarato è quello di "formare i leader per creare politiche pubbliche"). La LIEE è il gruppo di riferimento per i

*consiglieri comunali "verdi", un incubatore di politiche e sposa le virtù della crescita intelligente, della zonizzazione basata sulla forma, del visioning, della riqualificazione, dello sviluppo orientato al transito, dello sviluppo ad alta densità, dell'Agenda 21 delle Nazioni Unite, ecc. Tanya Narath è anche presidente del Comitato consultivo comunitario della città. Il Consiglio consultivo della comunità decide a chi destinare i fondi quando i quartieri chiedono "sovvenzioni" alla città. Questo puzza un po'.*

*L'estate scorsa, in occasione del Summit dei quartieri di Santa Rosa, Tanya Narath ha ingaggiato Jim Diers dell'Asset Based Community Development per tenere un seminario (nella sala del consiglio comunale) sulla creazione di associazioni di quartiere."*

Che cos'è un summit di quartiere sponsorizzato da una città o da una ONG? Si tratta di un gruppo selezionato di "leader di quartiere" che hanno ricevuto una formazione sullo sviluppo comunitario basato sugli asset e sulla tecnica Delphi. Il loro obiettivo? Creare associazioni di quartiere gestite e manipolate da facilitatori che hanno imparato la "costruzione del consenso" e la usano per portare avanti i piani della città. Lo chiamano "rafforzare Santa Rosa" e "bilanciare i diritti dell'individuo con i bisogni della comunità". Questo è il comunitarismo. Siete manipolati per farvi credere che le vostre idee stiano dando forma a ciò che la città sta creando, ma in realtà siete solo una figura di riferimento. Cosa vogliono fare? Oltre a farvi scendere dall'auto e a cercare di farvi mettere costosi pannelli solari sul tetto, promuovono lo sviluppo comunitario basato sugli asset (ABCD).

Ok, che cos'è? E perché dovrebbe interessarti? Le capacità, le speranze, i sogni, i progetti, i talenti, la solidità finanziaria e le condizioni fisiche vengono registrati in un questionario di undici pagine chiamato "inventario delle capacità". Fanno un inventario di VOI.

Il processo di mappatura delle risorse della comunità è fondamentale per l'ABCD. Che cos'è? Mappatura: posizionamento dell'utente su una mappa fisica con il link al suo questionario. Attività: siete voi l'attività. La "mappatura degli asset comunitari" è un modo per controllare e gestire un gruppo di persone e chiedere loro di utilizzare le proprie competenze in un modo predeterminato a "beneficio" della comunità. Chi decide cosa va a vantaggio della comunità? I "leader" prescelti. Nella mappatura di una comunità, questi gruppi determinano chi ha qualcosa da offrire alla comunità e chi no? Avete notato che agli studenti viene chiesto, e a volte richiesto, di fare "servizio alla comunità"? Ai piccoli criminali e ai trasgressori della legge viene spesso richiesto di svolgere "servizi sociali". È un lavoro volontario?

Cosa succede a chi non contribuisce al collettivo? Come si può incoraggiare il loro contributo?

Chi otterrà i vostri servizi in cambio di nulla? Le organizzazioni non profit favorite, orientate al lavoro di squadra e all'ordine del giorno. Questi sono i gruppi che promuovono la crescita intelligente, il nuovo urbanesimo, la governance da parte di comitati non eletti e le false associazioni di quartiere.

Avete notato che le parole Vibrant e Walkable sono state aggiunte a tutte le attività della città? Questo grazie al movimento SMART GROWTH. Il Leadership Institute for Ecology and the Economy (si noti che questi sono due dei tre cerchi interconnessi dell'Agenda 21 dell'ONU), un gruppo privato locale senza scopo di lucro che sostiene questo movimento, utilizza tecniche per scoprire il più possibile su di voi per convincervi a fare volontariato. Lo chiamano VOLONTARIATO OBBLIGATORIO. Se pensate che sia divertente ora, non lo sarà quando avranno finito.

Un'altra cosa da notare è che Portland e Seattle vengono sempre prese a modello per Santa Rosa. Non importa che ognuna di queste città abbia più di 600.000 abitanti e Santa Rosa circa 170.000.

Dovremmo usarli come modello. In che modo? Biciclette ed energia, e ora WILL.

Tutto questo può sembrare irrilevante e forse anche un grande "e allora". Ma se si inserisce il tutto nel contesto dell'Agenda 21 dell'ONU e dello sviluppo sostenibile, si capisce che l'obiettivo finale è quello di conoscere tutto di voi e di usare queste informazioni per manipolarvi e gestirvi. Attraverso l'uso di tecniche di mappatura del Sistema Informativo Globale (GIS), i volontari (gruppi ecclesiastici, associazioni di quartiere, coalizioni ciclistiche) saranno utilizzati per mapparvi, mettere a disposizione della "comunità" le vostre competenze e imporre il VOLONTARIATO OBBLIGATORIO alle organizzazioni favorite dalla pressione sociale. "

Piuttosto interessante, non è vero? Il questionario è disponibile sul sito web dei Democratici contro l'Agenda 21 dell'ONU. Si veda il post del 17 dicembre 2010 (The Way We See It) intitolato "Come capire se sei un buon tedesco". L'ho chiamato così perché nella Germania nazista la persona media o amava il nazismo o "seguiva la corrente".

C'era persino un "capo quartiere" locale, in fondo alla gerarchia nazista, che doveva assicurarsi che tu facessi esattamente questo. Era responsabile di circa 50 case nel suo quartiere e il suo compito era quello di diffondere la propaganda e ottenere il sostegno dei nazisti . Era anche una spia e chiunque parlasse contro lo Stato veniva segnalato alla Gestapo. Questo permise ai nazisti di mantenere il controllo su tutti: ognuno aveva un "fascicolo". Oggi, nel linguaggio comune, un buon tedesco è uno che "esce e si arrangia". La nazionalità non ha importanza. Chiunque può essere un "buon tedesco".

Il Consiglio di quartiere ha incolpato Kay, quando si è battuto perché si dimettesse dalla carica di presidente, di essere contrario alla città, visto che la stavano citando in giudizio. Per noi era una novità che tutti dovessimo andare d'accordo con la città per andare d'accordo, ma questo è il nuovo consenso. Dal loro punto di vista, chiunque si opponga all'Agenda 21 dell'ONU è un personaggio sgradevole. Se non volete conformarvi al risultato pre-approvato e predeterminato, siete un piantagrane che non dovrebbe rappresentare il vostro quartiere. Sembra che il vero obiettivo sia quello di smantellare e ricostruire i quartieri, sia fisicamente che emotivamente. Per rompere le alleanze, identificare i dissidenti e incoraggiare il governo dei molti. L'ingegneria sociale è potente e ha un impatto enorme. Come i "vecchi brontoloni" che si opponevano alla pista ciclabile, molti di coloro che si oppongono a questi metodi devono sfidare l'etichettatura, il rifiuto e la vera e propria aggressione per essere ascoltati.

## Il capolinea

La Corte d'Appello di San Francisco ci ha dato una possibilità a metà 2009 ed era chiaro che avevamo perso. Nonostante il nostro avvocato abbia discusso il caso e i fatti fossero dalla nostra parte, non è stato sufficiente. Quando uno dei giudici ha posto una domanda sui valori di valutazione, ho capito che o non capiva i problemi di degrado o era deliberatamente prevenuta a favore della città. Il nostro caso era insolito e richiedeva conoscenze specialistiche, ma pensavo che le avessimo fornite ai giudici. Era finita. Forse abbiamo perso la causa, ma alla città è stato impedito di attuare i suoi piani per tre anni. In quei tre anni, dal 2006 al 2009, i valori immobiliari e l'attività economica hanno subito il calo più drastico dalla Grande Depressione del 1929-39. Grazie alla nostra azione legale, il potenziale per gli alloggi a scopo di lucro e per i progetti a uso misto finanziati dalla riqualificazione è stato eliminato da tempo. Abbiamo assistito al fallimento di molti dei grandi finanzieri della città. Se avessero avviato progetti di riqualificazione nel 2006, è probabile che i progetti sarebbero falliti per mancanza di fondi. La città aveva sfruttato il recente voto (nelle contee di Sonoma e Marin) per un aumento dell'imposta sulle vendite per l'alta velocità ferroviaria per giustificare la revisione del piano generale per lo sviluppo residenziale ad alta densità nel raggio di mezzo miglio da stazioni inesistenti. Ora, nel 2011, sembra che l'aumento dell'imposta sulle vendite di un quarto di centesimo non sarà sufficiente a coprire il costo dei treni (copre gli stipendi del personale e le pensioni), e ci vorranno molti anni prima che il treno sia completamente operativo.

Quindi abbiamo perso, ma l'economia ha impedito loro di incidere sulle nostre tasse di proprietà. Hanno ancora il potere di sfratto per sette anni e l'area del progetto di riqualificazione Gateways non scadrà prima del 2036, se mai lo farà. Nessuna area di progetto di riqualificazione nello Stato della California è mai scaduta: vengono sempre prorogate. Basta un voto del Consiglio comunale che dica "Ci sono ancora problemi". La presunta degradazione continua. E si sta diffondendo: Nel 2010, la potente lobby californiana della riqualificazione ha cercato di ridefinire il concetto di malsano per includere i quartieri con i più alti tassi di diabete, obesità e malattie polmonari. ha sostenuto una proposta di legge in tal senso in

Assemblea. Questo fa parte dell'elemento di equità sociale dell'Agenda 21 delle Nazioni Unite. L'Assembly Bill 2531 è stato posto il veto dal governatore Arnold Schwarzenegger, ma questo è un esempio della pressione esercitata per mantenere questa vacca da mungere.

Ricordate che il denaro che viene dirottato all'Agenzia di riqualificazione e agli intermediari obbligazionari viene prelevato dal fondo generale della città e dai dipartimenti della contea. Non cadete nella trappola della lobby della riqualificazione. È un bene che il governatore della California Jerry Brown abbia fermato la riqualificazione, ma poiché le città possono continuare a farlo scegliendo di restituire allo Stato parte dei soldi delle tasse sottratti dalla riqualificazione, il gioco continua. Fermate i distretti di riqualificazione e di finanziamento delle infrastrutture e distruggerete un importante strumento dell'Agenda 21 delle Nazioni Unite.

Mentre preparavamo i bollettini per informare il nostro personale e gli altri cittadini che avevamo perso la causa, ho riconosciuto che avevamo fatto la cosa giusta combattendo. La disonestà e l'inganno insiti nella gestione e nella creazione di progetti di riqualificazione erano sistemici.

Nel contesto dell'Agenda 21 dell'ONU - Sviluppo Sostenibile, mi si sono aperti gli occhi sulla vasta alleanza di gruppi ambientalisti, politici, burocrati, pianificatori, architetti, avvocati, intermediari obbligazionari, banchieri, leccapiedi di bassa lega, sviluppatori, sindacati e gruppi imprenditoriali affamati di potere e denaro che erano in realtà gli utili idioti di questo piano. Ho potuto constatare quanto fosse facile distruggere il nostro Paese sfruttando il richiamo del denaro e del potere dietro l'apparenza del bene. Costruendo le infrastrutture per lo stoccaggio degli esseri umani, gli ingegneri dell'Agenda 21 dell'ONU hanno gettato le basi per il futuro. Costruitelo e verremo. L'infill e la crescita intelligente, i codici formali e intelligenti, i treni SMART e i contatori intelligenti, i villaggi di transito, le comunità monoplanari e le città sostenibili fanno tutti parte della maschera verde per salvare il pianeta. Ma non si tratta solo di costruire un paesaggio duro. Si tratta di costruire un'ideologia di regionalizzazione, regolamentazione e sorveglianza per il "bene comune".

Quando la maschera viene tolta, scopriamo un controllo totalitario con restrizioni al movimento, alla parola, alla proprietà e alla produzione.

## Conservate la carta "Esci gratis di prigione".

Potreste averne bisogno. Le carceri sono una delle industrie in più rapida crescita negli Stati Uniti. Sono il non plus ultra dei partenariati pubblico-privato. Secondo le statistiche del censimento degli Stati Uniti, circa un americano su 130 è in carcere e uno su 32 (circa sette milioni) è sotto sorveglianza correzionale. La Corrections Corporation of America, insieme ad altre società carcerarie private come la GEO (ex Wackenhut), è membro di un potente gruppo di pressione chiamato American Legislative Exchange Council. Con più di 2.000 legislatori statali e quasi 250 aziende e fondazioni private come membri, questo consiglio apparentemente innocuo è un formidabile intermediario di potere nelle capitali statali di tutto il Paese. L'incarcerazione è un grande business. Di cosa hanno bisogno le carceri? Prigionieri. Come si fa a ottenere più prigionieri? Creando più reati d'azione e facendo pressione per ottenere pene più lunghe. L'American Legislative Exchange Council ha esercitato pressioni per la legge dei tre colpi (ergastolo per il terzo crimine violento) che è stata approvata in undici Stati. È scarsamente applicata ai reati non violenti.

La deportazione è un grande affare per le prigioni private. È comune che i lavoratori senza documenti o gli stranieri illegali passino fino a sei mesi in prigione prima di essere espulsi. Si tratta di sei mesi di pagamenti governativi agli operatori carcerari privati. Pensateci. Abbiamo confini porosi e un programma di cattura e rilascio con un piccolo soggiorno in un hotel di cemento nel mezzo. Benessere aziendale con formazione sul posto di lavoro per i futuri criminali. Le carceri sovraffollate creano una domanda di nuove strutture. Inoltre, la popolazione carceraria aumenta il numero totale di persone conteggiate per il calcolo dei distretti e della rappresentanza legislativa. Più detenuti ci sono, più rappresentanza riceve il distretto, anche se i detenuti non possono votare.

Equità sociale? O la tripla linea di fondo pubblico-privato? Pianeta, persone, profitto.

## La maschera intelligente

Contatori intelligenti. Treno intelligente. Codici intelligenti. Energia intelligente. Crescita intelligente. Mappa intelligente. Rete intelligente. Casa intelligente. Cantiere intelligente. Abbastanza intelligente da vedere attraverso? Scarsità e controllo delle risorse.

sottraendo denaro alle organizzazioni non profit o alle ONG con consigli di amministrazione eletti. Non fidatevi mai di qualcosa chiamato SMART.

## Ministero della Verità

Se siete come me, utilizzate Wikipedia, così come molte altre fonti, e la trovate utile per rispondere a molte domande di carattere concreto. È l'"enciclopedia del popolo". Finché non si deciderà di aggiornare l'Agenda 21, il comunitarismo, lo sviluppo sostenibile o lo sviluppo comunitario basato sui beni. Allora vi ritroverete censurati e costretti a bussare alle porte. Ho avuto successo con alcune di queste liste, per un po', ma i guardiani hanno scoperto le mie aggiunte e le hanno censurate. Hanno detto che ero un teorico della cospirazione e che se avessi continuato a postare, non avrei potuto modificare o postare su Wikipedia in futuro.

## Il nostro futuro spartano: il neofeudalesimo

Voglio parlare di come siamo stati pompati e scaricati come nazione (anche l'UE lo ha sperimentato) e messi in condizione di fallire. Non mi soffermerò sulla manipolazione della Federal Reserve e delle istituzioni bancarie attraverso la creazione di denaro fiat. Il libro di G. Edward Griffin, *La creatura dell'isola di Jekyll*, è un'eccellente risorsa a questo proposito.

Stiamo vivendo un devastante collasso tecnico del nostro sistema economico. Credit default swap? Non fatemi iniziare!

In un'interessante intervista al programma Fresh Air della National Public Radio, l'editorialista finanziaria del NY Times Gretchen Morgenson ha parlato del libro che ha scritto sull'"apocalisse finanziaria", come lei stessa la definisce. Ciò che è particolarmente degno di nota in questa intervista è che, sebbene non menzioni l'Agenda 21 dell'ONU e probabilmente non abbia idea della sua esistenza, menziona molti elementi apparentemente anomali del crollo e del salvataggio. Secondo l'autrice, è stato come se le autorità di regolamentazione non avessero deliberatamente protetto i mutuatari e avessero permesso alle banche e alla Federal National Mortgage Association (FNMA) di creare una situazione in cui sarebbero fallite. In realtà, i legislatori sono stati acquistati dalla FNMA.

Questo fa ovviamente parte della piattaforma Agenda 21, che mira a livellare la ricchezza degli americani al livello dei Paesi in via di sviluppo. Nel mondo dietro la maschera verde, rendere la casa di proprietà accessibile a tutti negli Stati Uniti significava mandarli in bancarotta e fargli perdere la casa. Utilizzando la tattica di dire una cosa ma di fare il contrario, la partnership pubblico-privata della Federal National Mortgage Association (FNMA) ha fatto una fortuna truffando piccoli mutuatari, investitori e sponsor governativi. Sì, la FNMA è una cosiddetta impresa sponsorizzata dal governo, il che significa che riceve un trattamento preferenziale, requisiti di riserva ridotti, ecc. e garanzie finanziarie governative in cambio della possibilità di rendere la proprietà della casa più accessibile agli americani. Nel 1999, l'amministrazione Clinton chiese alla FNMA di allentare le condizioni di credito per i mutuatari a basso reddito che non potevano ottenere prestiti convenzionali. Questo ha aperto la strada al mercato dei subprime. Per maggiori dettagli, si può leggere l'articolo del New York Times del 30 settembre 1999 intitolato *Fannie Mae Eases Credit to Aid Mortgage Lending*.

La FNMA era una società quotata in borsa che è stata posta sotto tutela (controllo governativo) nel 2008, dopo una cruda speculazione sui derivati e l'acquisto di mutui subprime dalla Countrywide Financial.

Gretchen Morgenson ha detto una cosa molto importante in questa intervista.

Ha detto che questa è una situazione in cui non ci si può opporre all'idea. Che nessuno era contrario all'aumento della proprietà della casa. Era come discutere contro la torta di mele. L'idea era buona, ha detto, ma l'esecuzione è stata disastrosa. Si tratta di una firma dell'Agenda 21 delle Nazioni Unite. Come si può essere contrari all'aria pulita, ai trasporti pubblici, agli alloggi a prezzi accessibili e alla tutela della bellezza dell'ambiente naturale? L'idea è buona, ma l'esecuzione - PER PROGETTO - è disastrosa. Questo è il problema. L'idea è il rivestimento, l'esecuzione è il risultato desiderato. Come scrisse Joseph Conrad in *Cuore di tenebra*: l'orrore.

Ormai saprete che tutte le crisi che abbiamo vissuto (mercato azionario, crollo degli alloggi, impennata dei prezzi dell'energia) sono state progettate in base all'Agenda 21 dell'ONU. Gretchen Morgenson dà la colpa all'"avidità", ma è molto di più. L'avidità è stata usata come leva per attirare questi ladri di alto livello in una posizione tale da permettere il crollo dei mercati. Finché alle banche è stato assicurato il salvataggio, i singoli amministratori delegati si sono arricchiti e le autorità di regolamentazione hanno chiuso un occhio, l'Agenda 21 dell'ONU ha potuto essere attuata. Un altro modo di vederla è dire che tutto ciò che è accaduto è stato voluto dal vostro governo. Le bolle gonfiate che sono state permesse e create dalla mancanza di supervisione governativa indicano il vostro governo come la fonte. Quali sono le conseguenze? Nessuno. Enormi salvataggi, nessun periodo di carcere, nessuna confisca di beni personali.

È stata la distruzione del nostro Paese, la svalutazione della nostra terra, il crollo della nostra economia e la vulnerabilità sistemica che riconosciamo come l'antidoto all'"insostenibile benessere americano". Siamo ormai maturi per una crescita intelligente (appartamenti accatastati lungo i corridoi di transito), per il trasporto pubblico (perdita di mobilità individuale a causa dei costi elevati), per lo spionaggio interno (programmi di polizia orientati alla comunità), per una profonda disoccupazione (disponibilità a fare qualsiasi cosa per sfamarsi) e per la perdita delle nostre libertà fondamentali.

Perché nel comunitarismo il "problema" è creato, la "soluzione" è il risultato che non avreste mai accettato senza l'urgenza del problema. Quindi il "problema" è: non ci sono abbastanza case di proprietà a basso reddito. La "soluzione" è intrappolare molte persone che non hanno i requisiti per ottenere un prestito e farle fallire. Io stesso ho contratto tre mutui per l'acquisto di una casa nel periodo 2003-2005 e il mio intermediario ipotecario mi ha fatto pressioni per ottenere mutui a tasso variabile. Gli ho chiesto se erano corredati da un manuale per i fallimenti e ho preso il tasso fisso. Ma questo perché avevo esperienza - anche lui ha perso la casa per un pignoramento.

Il vero risultato di questa dialettica? La crisi immobiliare (spostamento della proprietà privata) e il collasso del sistema finanziario. Solo che il sistema finanziario non è crollato, vero? No. È stata salvata e gli operatori più piccoli sono stati assorbiti dai loro rivali più grandi. Consolidamento della ricchezza e del potere. E si paga con una disoccupazione a due cifre e una totale incertezza nel mercato a lungo termine. I poveri sono diventati indigenti, la classe media sta evaporando e i ricchi fanno festa sulla luna. Vi chiedete dove siano finiti i soldi? Date un'occhiata ad alcuni dei favolosi edifici costruiti a Dubai. Il famoso grattacielo rotante ne è un buon esempio. Ho sentito che George Bush ha un appartamento lì. Davvero. La proprietà privata sarà riservata ai super-ricchi.

Oggi le nostre città hanno periferie lontane con molti edifici vuoti che non contribuiscono alla base imponibile. Ricordate che uno degli obiettivi dell'Agenda 21 delle Nazioni Unite è quello di "ridurre l'espansione urbana"? Ecco qualcosa di cui forse non avete ancora sentito parlare: una proposta di programma federale da 1.000 miliardi di dollari per consentire ai governi locali di acquistare dalle banche immobili residenziali, commerciali e industriali sfitti e di demolirli. Perché?

Creare più spazi verdi nelle città. L'obiettivo è quello di trasformare i "campi rossi" (proprietà vacanti di proprietà delle banche in "rosso") in "campi verdi" (parchi e spazi aperti).

In questo mondo di fantasia, in cui sempre più denaro federale viene creato dal nulla, le proprietà private poco efficienti saranno convertite in spazi aperti pubblici. La città, non essendo più in grado di irrigare e mantenere i parchi esistenti, acquisterà i terreni di proprietà delle banche. In questa sorta di immagine perfetta dell'Agenda 21 dell'ONU, tutti gli edifici a crescita intelligente del centro città hanno bisogno di un posto per giocare. Deve essere un luogo pubblico, perché il governo non può sorvegliarvi quando siete nel vostro giardino. In un altro "salvataggio" delle banche e nella guerra dell'Agenda 21 dell'ONU alla proprietà privata, gli edifici esistenti saranno demoliti e i terreni privati rimossi dai registri delle tasse immobiliari.

La demolizione degli edifici (una soluzione che produce gas serra, carbonio e discariche) e la costruzione di parchi "creeranno posti di lavoro" in questo scenario.

Ripetiamo: un trilione di dollari di fondi federali viene proposto per questo "approccio terrestre alla soluzione della crisi economica americana". Questa citazione è tratta dall'articolo *From Vacant Properties to Green Space,* pubblicato dall'Urban Land Institute nel gennaio/febbraio 2010. *L'*articolo riporta che la City Parks Alliance di Washington sta sviluppando una strategia di finanziamento federale per questo progetto.

Possiamo metterlo insieme?

Passo dopo passo: l'Agenda 21 delle Nazioni Unite traccia la strada per lo sviluppo ad alta densità nelle città.

Le agenzie di riqualificazione sovvenzionano lo sviluppo per una crescita intelligente. Solo alcuni produttori favoriti sono sul treno dei soldi.

L'amministrazione Clinton ha esortato le banche ad allentare i criteri di prestito e a far fluire il denaro.

Gli sviluppatori hanno costruito sempre più edifici commerciali e residenziali, saturando il mercato.

Il crollo economico è stato progettato per coprire la migrazione delle imprese e della produzione fuori dagli Stati Uniti.

Il crollo del mercato azionario è stato progettato per risucchiare la ricchezza della classe media e destabilizzare la sua pensione.

Il salvataggio TARP ha ripagato le banche e ha consolidato il loro potere permettendo loro di acquisire banche più piccole.

Il crollo dell'economia è una messinscena e incoraggia l'agitazione per più programmi sociali, nonché il vilipendio della proprietà. Chi possiede una proprietà privata è "avido".

Man mano che le persone perdono la casa per il pignoramento e il lavoro fisso scompare, saranno più disposte a vivere in appartamenti sovvenzionati dal governo nei centri urbani.

La coesione del quartiere sarà un ricordo del passato. Ci saranno meno persone che si opporranno alla perdita dei diritti di proprietà privata.

Le proposte di porre fine alla deduzione fiscale degli interessi ipotecari federali saranno accettate più facilmente, minacciando la proprietà privata. La stampa scrive volentieri delle miserie della proprietà di una casa e pubblicizza i meriti di vivere in condominio (niente manutenzione!) o in appartamento (ci si trasferisce quando si vuole!) vicino ai binari della ferrovia.

Invece di "equità sociale", stiamo assistendo a un trasferimento di ricchezza dalla classe media ai ricchi, con proprietà pignorate che vengono acquistate a prezzi stracciati da chi ha i soldi.

L'elevata disoccupazione e gli aiuti pubblici contribuiscono all'indebitamento complessivo dello Stato e continuano la spirale negativa del nostro tenore di vita.

La proprietà dell'auto privata diventerà inaccessibile a causa dei prezzi elevati della benzina, dei costi elevati dei parcheggi nei centri urbani e delle tasse sui chilometri percorsi dai veicoli, e i salari potrebbero essere ridotti per riflettere i "risparmi".

Le conversioni delle zone rosse in zone verdi nelle periferie consentono alle città di demolire gli edifici e chiudere i servizi in queste aree. Per questi progetti verranno utilizzati i fondi per la riqualificazione, ovvero le vostre tasse sulla proprietà.

Le strade rurali rimarranno non asfaltate, riducendo il valore delle proprietà rurali, le banche le sequestreranno e le autorità locali le acquisteranno per pochi spiccioli. Sempre meno terra sarà disponibile per l'agricoltura, per la produzione, per la vita su piccola scala. I terreni di proprietà dello Stato saranno gestiti o ceduti a trust fondiari senza scopo di lucro nell'ambito di partenariati pubblico-privati.

Il terreno sarà chiuso all'uso pubblico. Le aree rurali sono chiuse.

Aree periferiche chiuse. Aree forestali chiuse. Strade rurali chiuse. Strade forestali chiuse. Aree di campeggio chiuse. Chiusura dei parchi statali.

Restrizioni di viaggio. È richiesta l'identificazione personale in ogni momento. Cartelle cliniche. Record della scuola. Registri di comunicazione.

Email, Facebook, mappatura del posizionamento globale, realtà virtuale... tutto serve a restringere il vostro mondo.

Polizia orientata alla comunità, centri di fusione, ampliamento dei poteri di sorveglianza interna per l'FBI, ridefinizione della tortura, una continua guerra per la pace, un'eterna guerra al terrorismo, un regolare rinnovo dell'USA Patriot Act.

Scegliere vincitori e vinti è lo sport sanguinario ufficiale dell'agenda del XXI secolo.

La regionalizzazione del governo sottrarrà le decisioni in materia di pianificazione al governo locale, togliendo quel poco di controllo che ancora avete.

I consigli rurali, i consigli regionali, le associazioni di quartiere, i consigli di condominio, le associazioni di residenti: tutti parlano per voi e voi non potete fermarli. Vogliono tutti la stessa cosa.

Controllo, informazione totale e ingegneria sociale. Pensate di poter disattivare i contatori intelligenti quando vivete in un edificio di 200 unità abitative di proprietà del vostro costruttore locale di case popolari (sovvenzionate dal governo)?

Non sono mai state indicizzate, classificate e archiviate così tante informazioni su di voi come nella storia del mondo. Viene utilizzato per vendervi, gestirvi, monitorarvi, controllarvi e limitarvi. Il vostro governo, attraverso i vostri rappresentanti eletti, i consigli e le commissioni non elette, le associazioni locali e i gruppi di quartiere, bilancia i vostri diritti individuali con i "diritti della comunità", e voi perdete. Il programma è quello di tenervi in silenzio, sedati, passivi, compiacenti, consumati, esausti, distratti, spaventati, ignoranti e confusi. Il nuovo ordine mondiale globalista.

Il neofeudalesimo dell'Agenda 21 dell'ONU/sviluppo sostenibile fa rivivere la servitù della gleba come condizione per il futuro. Se glielo permettete.

# Cosa c'è dopo? Cosa fare?

P rima di tutto, fate un respiro profondo e rendetevi conto che non siete soli in questa situazione. Ci sono persone in tutto il vostro Stato, in tutta l'America, in tutto il mondo, che sono con voi.

Siete arrivati fin qui in questo libro, grazie. Vi sentite turbati e preoccupati per il vostro futuro e per quello del vostro Paese.

Bene. Ci sono molti argomenti nelle notizie, ma l'Agenda 21 dell'ONU, il comunitarismo, lo sviluppo sostenibile e la crescita intelligente non sono molto in vista.

Quindi siete scioccati. Potreste anche sperare che non sia nulla, che si risolva tutto, che non dobbiate fare nulla. Ma è reale e la vostra voce è necessaria.

Forse state cercando un leader. Guardatevi allo specchio. Questo è il vero volto della base. VOI.

Per cominciare, la cosa migliore da fare è leggere di più e aprire gli occhi sul funzionamento della vostra città. Avete mai sentito lo slogan "Pensare globalmente, agire localmente"? Sì, questo è il gergo dell'Agenda 21 delle Nazioni Unite. Ebbene, prendete a cuore questo aspetto, al centro di ciò che vedete. Prendete il vostro giornale locale. Leggete. Molti di noi leggono il *New York Times* o il *San Francisco Chronicle*, ma non il giornale locale. È uno straccio, diciamo noi. Chi se ne frega? Dovresti. Ho detto sopra che l'Agenda 21 dell'ONU, il comunitarismo, lo sviluppo sostenibile e la crescita intelligente non compaiono molto sui giornali, ma lo fanno ogni giorno. Li vedrete se prestate attenzione e leggete con intelligenza. Articoli su progetti di riqualificazione, piste ciclabili, vertici di quartiere, elezioni di quartiere, progetti di rivitalizzazione dei quartieri, progetti di stabilizzazione dei quartieri, visioning, consigli locali, progetti di crescita intelligente, sussidi per alloggi a basso reddito, sussidi per i trasporti, programmi di adeguamento degli edifici verdi, monitoraggio dei pozzi, contatori elettrici, idrici e del gas SMART e le persone che vi si oppongono appaiono ogni giorno su . Comunicare con queste persone. Parlate loro dell'Agenda 21 delle Nazioni Unite. Essere un ponte.

Sorprendentemente, il volantinaggio è uno dei modi più efficaci per raggiungere un gran numero di persone in poco tempo. Abbiamo raccolto per voi alcuni volantini KICK ICLEI OUT. È possibile stamparli dal nostro sito web Democrats Against UN Agenda 21 (Democratici contro l'Agenda 21 dell'ONU). Vai alla pagina ICLEI. Alzatevi presto la mattina del fine settimana e portateli a spasso per diversi quartieri per qualche settimana. Andate durante la settimana, mentre le persone sono al lavoro. Metteteli sui portici, non metteteli nelle cassette della posta (a quanto pare sono proprietà del governo federale). Non lasciatevi ingannare dalla conversazione, altrimenti sprecherete il sabato a parlare invece di diffondere la parola. Dite loro di visitare il sito web sul volantino se vogliono maggiori informazioni. Se vogliono aiutare, dite loro di fare delle copie del volantino e di distribuirle. Portate i volantini in negozio, al bar, alle riunioni e distribuiteli. Fare 100 copie in bianco e nero costa solo 5 dollari. Facciamolo!

Abbiamo anche un opuscolo sul Nuovo Ordine Mondiale che potete stampare e distribuire se volete. È possibile trovarlo sul sito web dei Democratici alla voce Cosa posso fare?

**Chi gestisce la vostra città?** Essere un ricercatore intelligente. Se leggete di un gruppo che sostiene la crescita intelligente nella vostra città, ad esempio, guardate chi ne fa parte. Cercate su Google i nomi delle persone che gestiscono l'organizzazione. Seguite questi link. Chi li finanzia? Che influenza hanno sulla vostra città? Provate a inserire il loro nome più ICLEI, o Nazioni Unite, o Smart Growth nel vostro motore di ricerca. Rimarrete stupiti da ciò che troverete. Quindi riportate queste informazioni sui vostri volantini.

**Mettetevi in contatto con altri che ritengono che i loro diritti di proprietà siano limitati o soppressi da regolamenti eccessivi.**

La maggior parte delle persone che possiedono immobili non possiede altro che la propria casa, ma se possedete terreni edificati o liberi, siano essi rurali, urbani, suburbani, commerciali, residenziali o industriali, siete stati colpiti. E probabilmente lo sapete. Così come altri nella vostra situazione . I partiti politici sono una distrazione. Non fatene un problema.

Troverete degli alleati guardando le riunioni della commissione urbanistica sul canale via cavo locale o andando voi stessi alle riunioni, ascoltandole per qualche settimana, dando il vostro biglietto da visita a chi si trova in una situazione simile e incontrandolo. Parlate loro dell'Agenda 21 dell'ONU.

Potreste subire uno shock, come a volte è successo a noi, quando pensate di incontrare degli alleati, ma vi sbagliate. Rischiate. Diffondete la notizia. Chiedeteci adesivi per paraurti o biglietti da visita con l'indirizzo del nostro sito web. Andate alla pagina "Contatti" del nostro sito web.

**Cercate di riunire un gruppo.** Sì, ci vuole un po' di coraggio per segnalare ciò che i vicini, il consiglio comunale e la comunità stanno facendo quando ci si sente soli. Per un esempio di un piccolo gruppo che ha fatto una grande differenza, visitate il sito Santa Rosa Neighborhood Coalition dot com.

Sono rimasto molto colpito dal movimento del Tea Party. Sono spesso invitato in tutti gli Stati Uniti a parlare a diversi gruppi dell'Agenda 21 dell'ONU. Questi gruppi indipendenti sono composti da persone che vogliono essere informate. Vengono ai miei discorsi con dei block notes e prendono appunti. Sono attivi, vanno alle riunioni del governo e fanno domande difficili. Sono cittadini americani onesti, non violenti, rispettosi della legge, inclusivi e laboriosi, allarmati dai cambiamenti in atto intorno a loro. Non ho altro che rispetto per queste persone che sacrificano il loro tempo, le loro energie e il loro denaro per preservare i diritti più elementari di cui godiamo in questo Paese. Stanno facendo il loro dovere civico e lo apprezzo.

Questo è ciò che vogliamo: una popolazione informata che parli e agisca. Più siamo informati, meglio saranno i nostri rappresentanti eletti.

**Fare rete con altri gruppi.** Anche se siete d'accordo solo su una questione, come KICK ICLEI OUT o Refuse Smart Meters, per esempio, riunitevi con altri piccoli gruppi per agire. Sostenetevi a vicenda nelle vostre azioni. Presentatevi a una riunione del consiglio comunale o della contea in solidarietà con i vostri vicini di altre città. Offritevi di aiutarli con il sito per i loro sforzi di volantinaggio. Nuovi volti, nuove idee e nuove energie sono utili a tutti. Perché non creare una coalizione per cacciare ICLEI, composta da persone provenienti da ogni città membro di ICLEI nel raggio di 100 miglia? Fate un blitz in tutte le città per un periodo di due o tre settimane. Potente!

**Utilizzare i social media.** Create una pagina Facebook, usate Twitter e indirizzate le persone a siti web come il nostro dove possono trovare maggiori informazioni.

Annuncio di riunioni, presentazione dei membri Delphi e link a video e articoli. Utilizzate i media elettronici a vostro vantaggio. Clip Nabber o Clip Grabber possono aiutarvi a prendere un video da YouTube e a caricarlo su un DVD da mostrare alle vostre riunioni.

**Impegnatevi a livello locale.** Partecipate alle riunioni di visione del vostro quartiere.

Ricordate, tuttavia, che utilizzano tattiche come la tecnica Delphi nelle riunioni locali per emarginare il dissenso. Questi incontri sono spesso chiamati charette, workshop, incontri di visione, incontri con le parti interessate e gruppi di lavoro. Possono essere chiamati "Il vostro piano 2020" o "La vostra visione della città". Ecco un modo molto efficace per contrastare le loro tattiche:

**Riunione anti-Delphi.** Una riunione Delphi può essere individuale o coinvolgere più persone. Lo scopo della riunione è quello di guidare il risultato dando l'impressione che i partecipanti abbiano un impatto e che il risultato sia una loro idea. Se la riunione si svolge senza intoppi, i partecipanti non si rendono conto di essere stati costretti ad accettare il piano elaborato prima della riunione. Il vostro obiettivo è quello di dimostrare che il piano non è il piano del popolo e di resistere alla tentazione di farsi ingannare. Per farlo in modo efficace, dovrete mantenere la calma e farvi trattare dal facilitatore in modo approssimativo davanti al gruppo. Questo è teatro politico. Il facilitatore si affida alla conformità e all'obbedienza del gruppo per guidare la riunione verso il risultato desiderato. Il vostro compito è quello di rompere il ritmo incantato di una riunione completamente orchestrata e di svelare i meccanismi che si celano dietro lo schermo. A quel punto, il facilitatore perderà il controllo della riunione e l'incantesimo sarà rotto. A quel punto, l'intero pubblico dovrebbe porre domande e pretendere risposte dal facilitatore . Non ci sarà alcun "consenso". Funziona, ma bisogna farlo in modo corretto. Se fate apparire il facilitatore come una vittima, il pubblico penserà che state abusando di loro e perderete.

Prima di partecipare alla riunione, andate su Internet e informatevi. Guardate chi sono i gruppi promotori e leggete i loro obiettivi dichiarati. Conoscere l'avversario. Condividete queste informazioni con il vostro gruppo. Riunite il vostro gruppo e incontratevi il giorno prima della riunione.

Più grande è il gruppo, più è probabile che si riveli il funzionamento della farsa. È meglio avere almeno quattro persone. Dovete lavorare in squadra e ricordare che si tratta di teatro politico: state interpretando dei ruoli. Avete preso visione dei documenti della riunione e ne avete compreso lo scopo. Diciamo che è organizzato dall'organizzazione regionale dei trasporti/pianificazione metropolitana, da un consiglio di governo e da alcune organizzazioni no-profit. Avete letto l'annuncio dell'incontro e si tratta di stabilire una crescita intelligente nel centro delle vostre città con un sistema di trasporto regionale che le colleghi. Prevede un enorme boom demografico e l'obiettivo è quello di stipare il maggior numero possibile di persone nel centro della città. I nuovi edifici fiancheggeranno le strade appena riconfigurate secondo il modello a uso misto della Smart Growth: costruzione sul marciapiede, vendita al dettaglio al piano terra con soffitti alti 12 piedi, due o più piani di appartamenti o condomini al di sopra. Uno o meno posti auto per le unità e pochissimo spazio comune.

Voi e il vostro gruppo decidete di porre domande come: Quanto costerà questo progetto? Da dove viene il denaro? Chi ha dato al Consiglio regionale il potere di prendere queste decisioni? Perché questo progetto non viene votato? I proprietari sono qui? Perché non chiedete loro cosa vogliono fare della loro proprietà? Intendete utilizzare il potere di esproprio per demolire gli edifici esistenti? Cosa succederà alle imprese locali? Sembra un affare fatto: perché avete convocato questa riunione se avete già pianificato l'intero progetto? Come potete vedere, si tratta di domande estremamente contraddittorie a cui il facilitatore non vuole rispondere. Il suo obiettivo è quello di mettervi in imbarazzo, svergognarvi, zittirvi e infiammare la folla contro di voi. Il vostro obiettivo è quello di allontanare il facilitatore e rivelare alla folla che è stata manipolata. Questo non è il loro piano.

Tornate al vostro gruppo. Queste riunioni Delphi si tengono di solito in un auditorium con posti a sedere in fila o a tavoli. Per combattere efficacemente Delphi, è necessario :

Entrare e uscire dalla riunione separatamente.

Non riconoscete le altre persone del vostro gruppo, non parlate tra di voi. Vi comportate come se non vi conosceste affatto.

Se potete evitare di accedere, fatelo. Volete rimanere anonimi. Se dovete accedere, fornite un nome e un indirizzo e-mail falsi. Il motivo è che se si ha successo e si vuole partecipare ad altri incontri anti-Delphi, non si vuole stabilire la propria identità per loro. Qualcuno del gruppo dovrebbe utilizzare un indirizzo reale per poter ricevere gli aggiornamenti dagli organizzatori.

Non indossare il badge.

Non identificarsi come parte di un gruppo. Lei è lì come cittadino interessato, come tutti gli altri presenti.

Vestitevi e curatevi con attenzione. Lei è un membro razionale, ragionevole e intelligente della sua città.

Se ci sono telecamere, cercate di evitare di essere ripresi.

Mantenere la calma.

Entrate nell'auditorium e sedetevi in questa formazione:

Se l'auditorium è dotato di posti a sedere in stile teatro, sarete disposti a diamante; a seconda delle dimensioni della riunione, potreste avere più di un diamante. Una persona al centro, dietro di loro, qualche fila indietro, una persona alla loro sinistra verso il corridoio e un'altra alla loro destra verso il corridoio. Poi continuate questo schema posizionando una singola persona al centro, qualche fila dietro quella fila. Se la riunione è grande e c'è un numero sufficiente di persone, ripetete questo schema.

È possibile che il personale copra una vasta area e non si raggruppi. Gli osservatori non vedranno i vostri legami reciproci e non vedranno un lavoro di squadra. Sembra che ci siano opposizioni in tutte le parti dell'auditorium, non collegate tra loro ma che si sostengono a vicenda. Ricordate che siete lì come membri totalmente indipendenti della vostra città e che non entrerete in contatto tra di voi durante la riunione, nelle pause o dopo la riunione, sotto lo sguardo di nessun altro presente alla riunione.

Se l'auditorium ha dei tavoli, ci si siede a tavoli diversi finché non c'è qualcuno ad ogni tavolo e poi, se ci sono più persone rispetto al numero di tavoli, ci si siede allo stesso tavolo con i propri, ma non si riconosce che ci si conosce. Vi presenterete come se foste degli estranei.

Sei piacevole. Siete amichevoli. Siete tranquilli. Siete ragionevoli e preoccupati. Non esprimete le vostre opinioni a chi vi è vicino.

Ricordate che molte delle persone presenti tra il pubblico o al vostro tavolo sono pagate per essere presenti (membri delle organizzazioni che sponsorizzano il piano o dipendenti pubblici) o sono collegate al piano in qualche modo.

Come voi, sono lì per svolgere un ruolo. Quindi, quando la riunione ha inizio, osservate chi vi circonda in modo amichevole.

DIETRO LA MASCHERA VERDE

Presentatevi con il vostro nome falso e scoprite chi è al tavolo con voi. Come hanno saputo dell'incontro? Oh, lavorano per la città? Cosa fanno? Potrebbe essere un costruttore, un urbanista, un architetto, un ambientalista, un consigliere comunale, ecc. Il loro gruppo sponsorizza questo evento? Dove vivono? In quale città, in una casa o in un appartamento? Vivono in periferia? Sono andati in macchina alla riunione? Queste domande devono essere poste in modo amichevole, disinvolto e non aggressivo. Lei è solo un vicino interessato a chiacchierare. Parlate di voi il meno possibile; state raccogliendo informazioni e identificando i complici.

A seconda del livello di sofisticazione della riunione, si potrà "votare" con un dispositivo elettronico o alzando la mano. Tenete d'occhio le patatine false. Votano? Non passerà molto tempo prima che li riconosciate come non "membri del pubblico". Spesso iniziano ad occupare un tavolo, poi si spostano ad un altro tavolo e diventano capotavola. Identificandoli, è possibile smascherarli.

L'ordine del giorno della riunione è molto fitto e un modo per avere un impatto è far deragliare l'ordine del giorno. La maggior parte dei facilitatori non è abituata a trattare con il dissenso e diventerà nervosa, arrabbiata o sprezzante per mantenere il proprio programma. Anche un ritardo come: "Qualcuno ha visto la mia borsetta? Ho pensato di metterlo qui" può causare ansia nel presentatore e facilitare il vostro lavoro.

Ma non esagerate.

All'inizio della riunione vi verrà chiesto di "votare" su una serie di scenari parziali. Questa è la vostra prima opportunità. Un membro del gruppo alza la mano e pone una domanda. Potrebbe essere qualcosa come "Sono confuso. Credevo che questo incontro servisse a raccogliere i nostri suggerimenti, ma sembra che abbiate impostato la riunione in modo che possiamo votare solo sui vostri scenari predeterminati". Il facilitatore risponderà che non risponde alle domande, oppure darà una risposta lunga e sconclusionata che non ha senso. L'interrogante dice poi, in modo calmo e amichevole: "Ma non credo che lei abbia risposto alla mia domanda. Pensavo che questo incontro servisse a conoscere la nostra opinione, ma sembra che non ci permettiate di discutere altre opzioni. Il facilitatore cercherà di ignorare la domanda. ORA, uno degli altri membri del gruppo dice: "Vorrei sentire la risposta alla domanda di questo signore". E un altro membro dice: "Sì, anch'io vorrei saperlo". Questo disturberà la riunione, perché anche il pubblico vuole conoscere la risposta e inizierà a intervenire. Ricordatevi di sostenervi a vicenda, ma fatelo con disinvoltura, gentilezza ed educazione. Volete che sia il facilitatore ad attaccare voi, non il contrario. All'inizio, prendetevela comoda.

Il facilitatore sa cosa sta succedendo, ma il pubblico no. L'obiettivo del facilitatore è quello di farvi manipolare, tacere e andare avanti.

Quindi la prima risposta può essere data di nuovo oppure vi verrà detto che il tempo sta per scadere e che le domande saranno risposte quando vi dividerete in gruppi.

Lasciate che la riunione prosegua brevemente. Mentre sullo schermo appaiono le abitazioni accatastate e impacchettate, qualcun altro chiede: "Mi scusi, ma vorrei davvero capire perché dice che il mio quartiere è 'Business As Usual', come se fosse una cosa negativa. Ci piace molto il nostro cul-de-sac e la nostra casa a un piano. Come sopra.

Un altro membro, dall'altra parte della stanza, dice: "Vorrei sentire la risposta a questa domanda". E altri hanno parlato. Siamo in una zona rurale, non vogliamo abitazioni come quelle che mostrate. Ricordate le domande concordate, come ad esempio:

Qual è il costo di questo progetto?

Come viene finanziato?

Chi ha assunto la vostra azienda e quanto siete pagati?

Chi è il proprietario dei terreni interessati dal vostro piano?

I proprietari sono qui?

Cosa succederà alle imprese locali?

Perché state cercando di farlo senza una votazione?

Il sindaco e gli assessori sostengono questo piano?

Perché il consiglio regionale sta cercando di prendere il controllo di quest'area?

È come una riunione di Delfi in cui il risultato è già stato stabilito prima del nostro arrivo.

Lo fate anche in altre città?

Qual è la tempistica di questo progetto? (Questo include ancora l'adozione del progetto, quindi la domanda successiva è: sembra che nulla di ciò che possiamo dire qui possa fermare questo progetto. Ponetevi queste domande e sostenetevi a vicenda. Ma non comportatevi come una folla! Mantenere un atteggiamento civile. Abbassa la voce. Non permettete che vi facciano passare per i cattivi e che mettano l'intera stanza contro di voi.

Lasciate che siano gli altri a parlare. Se è evidente che state prendendo il controllo della riunione, perderete il sostegno del resto del pubblico. Ricordate che non riuscirete a far cambiare idea ai facilitatori. Lo fate per svegliare i vostri concittadini.

Il facilitatore cercherà di dividere la sala in gruppi, soprattutto nelle riunioni con tavoli individuali. Resistere a questo. Dite: "Mi piacerebbe molto sentire i commenti di tutti. Penso che sarebbe meglio se rimanessimo insieme". Sostenere la tesi. Probabilmente non vincerete, ma la gente penserà al fatto che non può sentire gli altri commenti.

A ciascuno dei tavoli, ognuno di voi può dire: "Come possiamo sapere cosa succede agli altri tavoli? Non mi sembra giusto. Si noti chi sono i capotavola. Era vicino a qualcuno di loro prima? Ha votato? Dite: "Scusate, ma non capisco come possiate dire che questa è una riunione per il pubblico quando avete dei facilitatori che votano". Supporto che. Questo smaschera la menzogna. Non c'è alcun "consenso".

Se le cose stanno andando male per il facilitatore, chiederà una pausa e poi, insieme agli altri facilitatori, osserverà chi sta parlando con chi. Il personale sarà lieto di partecipare alla conversazione.

Non parlate con altre persone del vostro gruppo durante la pausa. I facilitatori vi identificheranno come se foste insieme e non vi chiameranno fuori né vi accuseranno di esservi coalizzati contro di loro. Invece, durante la pausa, potete andare nei loro gruppi e ascoltarli. Essi richiamano rapidamente all'ordine la riunione.

Vi chiederanno di stilare una classifica di questioni ambientali come l'aria pulita, l'acqua pulita, gli spazi aperti e il giardinaggio. Chi non vuole aria e acqua pulite? Naturalmente, questo viene prima di tutto. Poi giustificano la soppressione dell'uso dell'auto privata nei centri urbani, l'imposizione di una tassa sui chilometri percorsi dai veicoli o l'imposizione di tariffe di parcheggio elevate. Chiedete loro: "A cosa collegate queste scelte ovvie? Volete dire che se vogliamo l'aria pulita, non vogliamo le auto private?". Un sorriso affascinante. Sostenete la vostra affermazione.

Se lo fate correttamente, non saranno in grado di terminare la riunione.

Le voci si alzeranno. Mantenete la calma, ma continuate a fare domande. Quando la stanza si rivolterà contro di loro e li butterà fuori, avrete vinto. Ora, all'ingresso, appena fuori, distribuite i vostri volantini. Possono essere i nostri volantini ICLEI o AG21 o i volantini anti-Delphi intitolati Are You Being Delphi'd? Potete trovarli sul sito web della Santa Rosa Neighborhood Coalition alla voce Delphi. È piuttosto forte quando le persone leggono di essere state vittime di una tecnica della RAND Corporation per indirizzarle verso un risultato predeterminato. E ottengono queste informazioni dal vostro gruppo.

Ma non pensate di aver vinto del tutto: tenete gli occhi e le orecchie aperte per l'incontro di recupero che cercheranno di organizzare a vostra insaputa.

Siate presenti anche per questo. E sostenete gli altri gruppi della vostra regione che si rivolgono a questi facilitatori per la regionalizzazione e l'Agenda 21 delle Nazioni Unite. Condividete le informazioni che avete su ciascuno dei facilitatori, sui loro gruppi e sul programma. Se avete girato dei video degli incontri, mostrateli ad altri gruppi di resistenza. Non aspettatevi che i facilitatori commettano di nuovo gli stessi errori. Impareranno e diventeranno più brillanti coinvolgendovi in Delphi. È necessario sviluppare una strategia per il futuro.

Ecco un articolo che ho scritto sul blog dei Democratici nell'agosto 2010 su un importante colpo anti-Delphi:

> *Ho appena letto un articolo di giornale online che mi ha fatto rabbrividire.*

Immaginate la situazione: una piccola città, una riunione dei supervisori, 90 persone presenti, un consulente in piedi davanti, che fa il suo discorso e consegna ciò che i supervisori lo hanno pagato una piccola fortuna per trovare.

Crescita intelligente. E indovinate un po'? Queste persone non lo capiscono. I loro commenti mi hanno sorpreso. Hanno fatto i compiti e letto l'Agenda 21 dell'ONU e non la vogliono.

Estratto dal quotidiano Picayune Item, 19 maggio 2010:

> *Un'udienza pubblica su quello che è diventato un controverso piano globale della contea, definito da alcuni come un piano di "crescita intelligente", è stata accolta con una forte opposizione negativa lunedì sera all'auditorium della Picayune High School. Circa 90 residenti si sono riuniti per ascoltare i funzionari della contea parlare del piano e circa 17 hanno fatto commenti negativi sul piano proposto.*

I cittadini presenti all'incontro si sono messi contro i facilitatori, nominando e parlando dell'Agenda 21 dell'ONU. Tutti hanno espresso le loro obiezioni alla crescita intelligente e sono stati un gruppo molto ben informato. Sono riusciti a cambiare il risultato con circa il 20% del numero totale di partecipanti. I supervisori della contea si sono resi conto di non poter approvare il piano.

> *Il supervisore Hudson Holliday: "Se l'avessero chiamata 'Crescita stupida' non avremmo avuto questo problema. Ma queste persone hanno davvero trovato un modo per fare soldi. Si tratta di un accordo accorto. Voi tutti (CDM) otterrete circa 787.000 dollari per un piano che non ha alcun valore. Il vecchio Consiglio ha dato loro 300.000 dollari per fare uno studio.*

> *Questo studio aveva uno spessore di circa tre quarti di pollice. Il signor Carbo stesso ha detto che non valeva la carta su cui era scritto. Ma non si sono offerti di restituirci i soldi. È una sovvenzione, ma sono i soldi delle nostre tasse. Questo consiglio ha votato per dare loro 487.000 dollari per fare un piano. Non ho visto quest'ultima versione. Le Nazioni Unite*

*non ci tolgono i diritti, lo facciamo noi qui. Come supervisore, non voglio avere la responsabilità di dirvi cosa potete fare della vostra terra e vi assicuro che non voglio che coloro che mi seguiranno abbiano questo potere e questa responsabilità... Queste audizioni pubbliche dovevano essere a monte, non a valle... Ogni studio che il governo fa o paga finisce per aumentare il controllo del governo. Ho votato contro il pagamento di questi ragazzi. La CDM è una grande azienda e credo che se la sua azienda, signor Carbo, avesse un minimo di integrità, ci restituirebbe i nostri soldi.*

Una visione su una strada di quartiere semi-rurale - un quadro che sta cambiando. Cosa è successo a questi proprietari?

**Andate alle riunioni del consiglio comunale e del consiglio dei supervisori della contea e abituatevi ad alzare la voce.**

All'inizio fa un po' paura, ma poi si parte. L'anno scorso la nostra città, Santa Rosa, in California, ha smesso di trasmettere la parte dei commenti pubblici delle riunioni del consiglio comunale sulla televisione pubblica. Sì, lo schermo si è spento proprio quando i nomi sono stati chiamati a parlare e sullo schermo è apparso un annuncio che diceva che la parte televisiva dell'incontro pubblico era terminata. Abbiamo protestato. Abbiamo inviato lettere al sindaco, al consiglio comunale e al giornale locale. La risposta è stata che la città non deve a nessuno un luogo dove esprimere le proprie opinioni. Hanno detto che se le persone volevano ascoltare ciò che gli altri cittadini avevano da dire, potevano venire ad ascoltare di persona. Da quando, nel 2005, la città ha adottato il "verbale d'azione" per tutte le sue riunioni, non è più possibile leggere il verbale e sapere cosa è stato detto. È stato registrato solo il vostro nome. Ho cercato su Internet se altre comunità avessero censurato i loro commenti pubblici. Ero scioccato. Questa non è l'unica città che limita il diritto dei suoi cittadini di parlare ed essere ascoltati. NO. Sta accadendo in tutti gli Stati Uniti. I consigli comunali e i consigli dei supervisori non trasmettono più commenti pubblici sulle loro stazioni televisive pubbliche. È una coincidenza? NO. È L'AGENDA 21 DELL'ONU. Chiedete pure che la vostra città mandi in onda i vostri commenti sulla televisione pubblica insieme al resto della riunione del consiglio. Portate tutti quelli che potete alla riunione e parlate per i vostri tre minuti - tenete il vostro consiglio e i vostri supervisori lì tutta la notte. Ad ogni riunione. Fino a quando non ripristineranno la parte della riunione dedicata ai commenti del pubblico nel programma televisivo.

Qual è la principale differenza tra gli Stati Uniti e i regimi repressivi? Tolleranza del dissenso. Libertà di parola. Discorso aperto. Dibattito pubblico. Senza informazioni, siamo censurati e al buio.

Se la vostra città o contea ha vietato i commenti pubblici, non lasciatevi fermare. Scommetto che la maggior parte dei punti all'ordine del giorno sono legati in qualche modo all'Agenda 21 delle Nazioni Unite. Commentate questi articoli. State diffondendo la notizia a tutti coloro che guardano la televisione.

Di solito iniziamo e terminiamo i nostri commenti con l'indirizzo del nostro sito web, in modo che le persone possano ottenere maggiori informazioni.

È estremamente emozionante essere coinvolti a livello locale e conoscere chi è chi e come tutto si incastra. È la vostra città... fatevi coinvolgere. Ma non lasciatevi ingannare. O usare l'adulazione per farvi cambiare idea.

Non lasciatevi ingannare. Siate coraggiosi: vi state rivolgendo all'intera città e contea, non solo al consiglio di amministrazione. Darete ad altri il coraggio e le informazioni necessarie per unirsi a voi.

**Evitare il burn-out.** Se siete esausti e vi arrendete, non aiuterete la resistenza. Quindi prendetevi cura di voi stessi. Trovate il tempo per ridere e godervi gli amici e la famiglia. Ecco una strategia che ho imparato in un seminario online offerto da un gruppo di difesa ambientale. Si chiama "Il potere dei 25 anni ". Ecco come funziona: se il gruppo è composto da 25 persone, è possibile generare 200 contatti all'anno con i legislatori, ecc. Ogni persona si impegna a fare otto cose all'anno: partecipare a due riunioni, inviare due e-mail, spedire due lettere e fare due telefonate. Ciascuna di queste azioni è rivolta a un'agenzia o a una persona diversa, ma tutte le 25 persone del vostro gruppo si concentrano sulle stesse persone. Così questo legislatore, ad esempio, riceverà alcune lettere, alcune telefonate, alcune e-mail e la partecipazione a una riunione del vostro gruppo in diversi periodi dell'anno.

Potete riunirvi in gruppo e decidere la direzione da prendere. Che si tratti di cacciare l'ICLEI dalla vostra città o di informare gli altri sull'Agenda 21 dell'ONU, proietterete una presenza significativa con 200 contatti e nessuno si spegnerà. Non l'ho ancora provata, sono troppo impegnata!

**Candidatevi voi stessi.** Che si tratti di un consiglio scolastico, di un consiglio idrico, di un consiglio comunale, di un ufficio nazionale, di un'agenzia immobiliare o di un sindacato, abbiamo bisogno di persone più informate. Anche se non vincerete, ed è difficile vincere senza soldi, porterete l'Agenda 21 dell'ONU nel dibattito e alla luce del sole.

**Che ne dite di una donazione?** Gli operatori sono pronti a intervenire!

Ma se non volete essere attivi o non potete esserlo per qualsiasi motivo, la vostra donazione, per quanto piccola, può aiutare a mantenere attivi coloro che viaggiano, scrivono, stampano volantini, fanno adesivi per paraurti, finanziano siti web e campagne di comunicazione via e-mail e parlano ai gruppi. Abbiamo un pulsante per le donazioni sul nostro sito web Democrats Against UN Agenda 21 (pagina Donazioni/Contatti) e altri gruppi fanno lo stesso. La vostra donazione è molto apprezzata.

**Fate una serata film!** Ci sono molti bei film, documentari e discorsi che potete acquistare su Internet o semplicemente proiettare dal vostro computer. Avete un piccolo ufficio o un negozio dove potete proiettare i film dopo il lavoro? Invitate alcune persone a casa vostra e guardateli insieme, poi fate una chiacchierata. Rendetela un'attività regolare, una volta alla settimana, e sarete sorpresi dalla rapidità con cui si svilupperà. Poi si può passare a una partecipazione più attiva.

**Coinvolgere i giovani nella discussione.** Se avete figli o nipoti, coinvolgeteli in queste discussioni e mostrate loro come vengono indottrinati. Ascoltate quello che vi dicono sui programmi scolastici e sui social media. Fate notare come vengono manipolati. Chiedete loro di mostrarvi degli esempi, fate un gioco.

**Chiedete al vostro gruppo di sponsorizzare un premio per il "miglior video" per un video sull'Agenda 21 delle Nazioni Unite.** Offrire un premio di 250 dollari per il miglior video di cinque minuti sugli impatti locali dell'Agenda 21 delle Nazioni Unite. Affiggete i vostri avvisi nelle università e nelle scuole superiori locali. Poi pubblicate il vincitore e i secondi classificati su Youtube. Organizzare un banchetto di premiazione. Pubblicatelo sul giornale. Presentare il film come cortometraggio ai festival cinematografici. Mettetelo sul canale mediatico della vostra comunità. Sembra divertente!

**Quando discutete dell'Agenda 21 dell'ONU con persone che sostengono il movimento per la sostenibilità, riflettete sulle loro argomentazioni.** Hanno senso? Se sostengono la necessità di uno sviluppo ad alta densità nel vostro centro città, chiedete loro: perché sostenete l'espansione verticale? Chiedete loro: "Sapevate che le case popolari non pagano l'imposta sugli immobili? Sapevate che non contribuiscono al pagamento dei servizi comunali? Chiedete loro: "Sapevate che le tasse di proprietà sui nuovi insediamenti in un'area dichiarata degradata contribuiscono molto poco a scuole, ospedali, polizia e vigili del fuoco? La maggior parte delle loro tasse sulla proprietà viene dirottata alla Redevelopment Agency per pagare le obbligazioni di riqualificazione. Se vi fanno notare questioni su cui avete delle domande, cercate le risposte.

Utilizzatela come opportunità di apprendimento.

**Leggete i punti di vista opposti.** Ho l'abitudine di leggere i siti web dei gruppi ambientalisti, dei gruppi ciclistici e di quanti più siti di difesa della crescita intelligente riesco a sopportare. Vi aiuta a chiarire le vostre idee e vi prepara al dibattito.

**Sfruttate tutte le opportunità mediatiche che vi si presentano.**

Non rifiuto mai un invito ad apparire in radio o in televisione. Mi limito a fare del mio meglio e a diffondere la notizia. Sono grato a Maggie Roddin (The Unsolicited Opinion), al dottor Stan Monteith (Radio Liberty), a Jeff Rense (Rense Radio), a Ernest Hancock (Freedom's Phoenix) e ai molti altri conduttori di talk show che mi hanno invitato nei loro programmi. Glenn Beck ha pubblicato il mio discorso sul Tea Party della East Bay sul suo sito web, e all'epoca non sapevo nemmeno chi fosse! Credo che ora abbiano visto quel video più persone di quante ne abbia incontrate in vita mia. Quando vengo intervistato dalla stampa ostile, conduco l'intervista per telefono e la filmo io stesso.

**Usate il vostro gruppo per attirare l'attenzione dei media facendo teatro politico.** Rilasciate un comunicato stampa quando chiederete al vostro consiglio comunale di licenziare ICLEI. Organizzare una conferenza stampa presso il municipio. Usate un grande stivale di cartone! Nominate un membro ben informato come vostro referente per la stampa.

**Ecco un modo per far sentire la vostra voce su tutti i giornali e le riviste del Paese:** andate sui loro siti online e commentate gli articoli sull'Agenda 21 dell'ONU/sviluppo sostenibile. La maggior parte dei siti consente di inviare messaggi anonimi, se lo si desidera.

**Siete iscritti a una newsletter?** Scrivete qualcosa per esso. Facciamolo! Fate del vostro meglio e non preoccupatevi se non riuscite a scrivere tutto.

**Creare un blog.** Fatelo, è facile! Weebly è un ottimo costruttore di siti web. È gratuito e potete facilmente avere un sito web e un blog in circa 5 minuti. Man mano che si scopre qualcosa di più, lo si pubblica. Creare connessioni con gli altri.

Trovare sostegno trovando altre persone che, come noi, si sono svegliate dall'Agenda 21 dell'ONU e dal comunitarismo.

**Esiste un centro media comunitario nella vostra città?** Presso l'università o la scuola superiore, potrebbe esserci una stazione televisiva locale via cavo che offre corsi per imparare a fare un programma televisivo locale. È divertente, si impara molto e si può trasmettere il proprio programma. Provate il programma "L'uomo della strada". Chiedete a tutti quelli che incontrate: "Sapevate che (la vostra città) è membro di ICLEI?" o "Sapevate che lo sviluppo sostenibile è un piano dell'ONU?

**Ritirare il proprio sostegno finanziario.** Se fate beneficenza, o pagate quote professionali o abbonamenti a gruppi di che sostengono l'Agenda 21 dell'ONU, smettete di pagare, o pagate per protesta se dovete, e dite loro perché!

**Le elezioni sono imminenti.** Vai ai forum. Chiedete: "Qual è la vostra posizione sull'Agenda 21 dell'ONU?". Tenere un cartello. Scoprite se la vostra città o contea è membro di ICLEI. Chiedete: "Qual è la vostra posizione su ICLEI? Vi impegnerete a cacciare ICLEI dalla nostra comunità?

**Non cercate un eroe, non aspettate che qualcuno lo faccia per voi.** Tutti in coperta! Siete parte di un movimento vasto, globale e veramente di base. Essere ecologici significa utilizzare modi efficienti per risparmiare energia e modi intelligenti per preservare la nostra vita sulla Terra. Non è necessario perdere il diritto alla libertà di parola e rinunciare a vivere con un veicolo personale, una casa privata, comodità moderne e buon cibo per essere attenti all'ambiente. I gruppi locali ci hanno detto che non volevano che i veicoli elettrici avessero successo perché avrebbero impedito alle persone di lasciare le loro auto e di andare in bicicletta. Anche se tutta l'elettricità provenisse da fonti rinnovabili, le persone con veicoli personali sono "antisociali" e le strade dovrebbero essere rese esclusivamente ciclabili o eliminate. Il lavoro che dobbiamo fare per fermare l'Agenda 21 dell'ONU/Sviluppo sostenibile deve venire da ognuno di noi. Se aspettiamo i leader, falliremo. Ognuno può fare la sua parte facendo ciò che può e unendosi per far sentire la propria voce. Siamo tutti eroi!

**Se vi siete identificati come progressisti, chiedetevi cosa significa.** Chiedetevi cosa significa. Pensateci. Circa un anno fa, ho deciso di fare una ricerca sui progressisti. Dopo tutto, mi definivo un progressista e mi sono reso conto che non avevo idea di cosa intendessi. Ero semplicemente tranquillo. Chi non vuole essere progressista? Sapevo che c'era un gruppo di democratici progressisti al Congresso degli Stati Uniti e l'ho cercato. Quello che ho trovato mi ha stupito. I Socialisti Democratici d'America affermano che, poiché non esiste la possibilità che un terzo partito vinca le elezioni negli Stati Uniti, lavorano attraverso l'ala sinistra del Partito Democratico. Dichiarano espressamente di lavorare attraverso il Caucus Democratico Progressista. Secondo Wikipedia, il PDC, con 83 membri, è il caucus più grande all'interno del Democratic Caucus del Congresso degli Stati Uniti. Se si va sul sito web dei Democratic Socialists of America (www.dsausa.org) e si cerca "Cos'è il socialismo democratico?", si troverà una scheda informativa di quattro pagine che contiene questa dichiarazione:

***Non siete un partito che compete con il Partito Democratico per ottenere voti e sostegno?***

*No, non siamo un partito separato. Come i nostri amici e alleati nei movimenti femministi, sindacali, per i diritti civili, religiosi e di organizzazione comunitaria, molti di noi sono stati attivi nel Partito Democratico.*

*Stiamo lavorando con questi movimenti per rafforzare l'ala sinistra del partito, rappresentata dal Congressional Progressive Caucus. Il processo e la struttura delle elezioni statunitensi minano seriamente gli sforzi dei terzi.*

*Le elezioni win-win invece della rappresentanza proporzionale, i severi requisiti di qualificazione dei partiti che variano da Stato a Stato, il sistema presidenziale invece di quello parlamentare e il monopolio dei due partiti sul potere politico hanno condannato gli sforzi dei terzi partiti. Speriamo che in futuro, in coalizione con i nostri alleati, sia possibile creare un partito nazionale alternativo. Per ora, continueremo a sostenere i progressisti che hanno una reale possibilità di vincere le elezioni, il che di solito significa democratici di sinistra.*

Troverete anche una dichiarazione che indica che sono stati i fondatori del Congressional Progressive Caucus.

Quindi cosa vogliono? Proprietà statale e cooperativa della proprietà e dei mezzi di produzione. Sebbene dicano di non sostenere la centralizzazione del potere, le loro proposte lo smentiscono. Vi suggerisco di dare un'occhiata al sito web, come ho fatto io, e di iniziare a parlarne.

È perfettamente legale e accettabile essere socialisti in America, ma se ci si candida su una piattaforma socialista, ci si deve identificare come socialisti, non come democratici. Non sosteniamo il dirottamento del Partito Democratico.

**Immaginate il risultato finale dello sviluppo sostenibile.** Nella vostra mente, trasferitevi in un appartamento. Sbarazzatevi dell'auto e prendete la bicicletta. Prendetevi del tempo per pensarci. Smettere di mangiare cibo che non sia stato prodotto localmente (nel raggio di 25 miglia). Limitare il consumo di acqua a 10 galloni al giorno. Pagare una carbon tax per tutti i viaggi. Lavate a mano i vestiti e la biancheria da letto e appendeteli ad asciugare (cercate di farlo per un mese). Completate il questionario sullo sviluppo della comunità basato sulle risorse. Completare le ore di "volontariato obbligatorio".

Segnalare eventuali violazioni del Codice dei residenti Smart Growth.

Si riconosce come liberale? Anche la Costituzione e la Carta dei Diritti sono di nostra proprietà. È nostro. Siamo un grande Paese con molto spazio e molte risorse. Ripuliamo l'inquinamento, riduciamo il consumo di energia e utilizziamo l'acqua in modo più efficiente. Siamo una nazione di diritti. Non sono diritti repubblicani o democratici. Nazionale, diritti civili.

**Abbiate un po' di compassione per coloro che aprono gli occhi alla verità.** È difficile e doloroso vedere che la maschera verde è un'illusione. Quelli di noi che volevano credere alla visione pastello non vorranno guardare alla fredda realtà della manipolazione delle preoccupazioni ambientali da parte delle multinazionali. Siate compassionevoli.

**Festeggiate le vostre vittorie!** Le contee e le città di tutto il Paese stanno buttando fuori dalla porta l'ICLEI e si stanno attivando. Unitevi a Carroll County, Maryland; Spartanburg, South Carolina; Amador County, California; Albemarle County, Virginia; Montgomery County, Pennsylvania; Las Cruces, New Mexico; Carver, Massachusetts; Edmond, Oklahoma; Garland, Texas; Georgetown, Texas; Sarasota County, Florida; e Plantation, Florida per dire NO all'ICLEI. Se possono farlo loro, potete farlo anche voi! Non dimenticate di rifare il vostro piano generale!

**Abbiate il coraggio di esprimervi. Essere un pensatore indipendente. La** nostra immagine di nazione e la nostra realtà storica a volte divergono profondamente, ma questa grande forza unificante tra ideale e realtà è la garanzia della libertà di espressione e di proprietà di noi stessi e della proprietà privata. Questi sono probabilmente i nostri diritti più vitali e unici, e quelli a cui dobbiamo dedicare la nostra vigilanza. È fondamentale difendere questi diritti, i diritti contenuti nella nostra Carta dei diritti. È difficile mantenere un ideale, e noi abbiamo fallito in vari momenti della nostra storia. Ma torniamo sempre alla Carta dei diritti e, quando sbagliamo, correggiamo. La schiavitù, il suffragio femminile e altre questioni importanti che seguirono i primi dieci emendamenti alla Costituzione erano destinati a correggere errori o omissioni nei documenti originali. Possiamo crescere e imparare come nazione, e dovremmo sempre sforzarci di essere più simili al nostro ideale. Come disse Michelangelo quando gli chiesero come avesse potuto scolpire una statua così perfetta nel David: "Ho semplicemente rimosso tutto ciò che non era il David, ed eccolo lì.

Abbiamo una bella pietra di paragone, una guida, una Costituzione che ci definisce, che non permette la perdita di diritti o la restrizione di libertà. Abbiamo visto le tattiche usate per mettere a tacere la verità, e sono brutte.

Calunnia, diffamazione, errore giudiziario... abbiamo vissuto con questo per gli ultimi 6 anni, perché abbiamo avuto il coraggio di dire la verità.

Queste informazioni sono troppo potenti per essere ignorate e non possono essere messe a tacere.

**La resistenza non è qualcosa a cui si aderisce, ma è ciò che si è.** Fate parte di un vero e proprio movimento di base che si sta esprimendo sull'Agenda 21 dell'ONU, sulla cooptazione del movimento ambientalista da parte degli interessi corporativi e sull'assorbimento sempre più rapido del nostro governo da parte delle mega-corporazioni.

Sforziamoci di creare un'unione più perfetta, più in linea con il nostro ideale di nazione. Non facciamoci trascinare a pretendere ciò che la corporatocrazia ci sta dando. Perché man mano che diventiamo più poveri, chiederemo a gran voce più controllo da parte del governo, più aiuti statali, più restrizioni sugli altri e, se non saremo saggi e coraggiosi, assisteremo a questo piano.

Restiamo uniti. Resisteremo agli sforzi per dividerci e cercheremo gli elementi della nostra esperienza americana che ci uniscono. La parola d'ordine è stata data, la maschera è stata tolta. Stiamo vincendo. Abbiamo rotto il silenzio e demolito il mito che l'Agenda 21 dell'ONU sia una teoria della cospirazione.

Sappiamo che questo è un fatto di cospirazione. Rifiutate di essere terrorizzati dal vostro governo o da chiunque altro. Possiamo lavorare insieme per sconfiggere l'Agenda 21 dell'ONU/Sviluppo sostenibile attraverso la consapevolezza e l'azione.

Ora usciamo di qui e mettiamo fine a questa storia.

### SI' CHE POSSIAMO!

# RICONOSCIMENTI

L a città di Santa Rosa, il quotidiano Santa Rosa Press Democrat, la Neighborhood Alliance, la Junior College Neighborhood Association, la City of Santa Rosa Redevelopment Agency, il City of Santa Rosa Advance Planning Department, il Community Development Department, il Leadership Institute of Ecology and the Economy, il deputato Michael Allen, il senatore Pat Wiggins e il suo staff, la Sonoma County Conservation Action, la Accountable Development Coalition e tutti coloro che hanno ostacolato la verità: senza la vostra cattiveria, questo libro non sarebbe stato scritto.

> *È solo l'errore a richiedere il sostegno del governo. La verità può stare in piedi da sola.* - Thomas Jefferson, *Note sullo Stato della Virginia*, 1787.

Kay Tokerud, il cui coraggio, intuito e perseveranza l'hanno resa un partner ideale in questo viaggio.

Il signor X, il cui aiuto e la cui amicizia hanno reso possibile gran parte di questo lavoro. Jenny Reed, Michael Koire, ADB e Dreamfarmers, Kevin Eggers, James Bennett, membri del Consiglio di Amministrazione della NRSC, Maggie Roddin, Karen Klinger, Heather Gass, Steve Kemp, Erin Ryan, BJ Kling, Mark Shindler e Robert A. Macpherson. Barry N. Nathan, per le sue superbe illustrazioni.

Niki Raapana, i cui libri *2020: Our Common Destiny* e *The Anti-Communitarian* Manifesto sono stati preziosi per dare un senso alla fonte. Michael Shaw, la cui dedizione nel fornire informazioni è impareggiabile. Orlean Koehle, il cui libro, *By Stealth and Deception*, è un compendio enciclopedico di dati sul crollo degli Stati Uniti e dello Stato di diritto. Charlotte Iserbyt, il cui libro, *The Deliberate Dumbing Down of America*, è un resoconto analitico dei veri obiettivi e della metodologia del sistema educativo. G. Edward Griffin, il cui libro *"La creatura di Jekyll Island"* è assolutamente da leggere. Posso non essere d'accordo con tutto ciò che scrivono, ma sono risorse eccellenti. E George Orwell, che lo sapeva e ci aveva avvertito.

L'Agenda 21 dell'ONU è antiamericana

\* \* \*

Estratto dalla sintesi di *Growing Smart Legislative Guidebook: Model Laws for Planning and Managing Change*

*(Guida legislativa per una crescita intelligente: leggi modello per la pianificazione e la gestione del cambiamento)*, edizione 2002

> *Dovrebbe essere responsabilità di tutti i settori pianificare e partecipare alla progettazione e all'attuazione di programmi di istruzione e formazione pubblica.*

> *Sebbene le questioni politiche e le circostanze varino notevolmente, è essenziale trovare un terreno comune tra un'ampia gamma di parti interessate e il pubblico. La creazione del consenso fa parte di questo processo. È inoltre necessario educare un pubblico mirato sul valore e sui benefici della crescita intelligente e della pianificazione, e sfatare i miti usati dagli oppositori per travisare la crescita intelligente.*

> *È altrettanto importante opporsi agli interessi che cercano di far passare nuove leggi che espandono le attività che sono considerate "regulatory takings" e che quindi richiedono una compensazione ai sensi del Quinto Emendamento della Costituzione degli Stati Uniti.*

Traduzione? Il vostro governo è impegnato a indottrinarvi ad accettare l'ingegneria sociale nell'uso del territorio e combatterà chiunque dica la verità al riguardo. Se cercate di approvare una legge che vi permetta di essere pagati per le restrizioni sull'uso del vostro terreno, il governo vi contrasterà.

**LOTTA AL RITORNO. FAR VALERE I PROPRI DIRITTI.**

# Già pubblicato